Sem Sal, Sem Problemas

Descubra como preparar pratos deliciosos e saudáveis sem sacrificar o sabor

Luiza Pereira

Contente

Sopa de truta e cenoura 12

Ensopado de Peru e Funcho 13

sopa de berinjela 14

creme de batata doce 15

Sopa de frango e cogumelos 16

frigideira de salmão 18

Salada de batata 19

Caçarola de carne moída e tomate 21

Salada de camarão e abacate 22

creme de brócolis 23

Sopa de repolho 24

Sopa de aipo e couve-flor 25

Sopa de carne de porco e alho-poró 26

Camarão com hortelã e salada de brócolis 27

Sopa de camarão e bacalhau 29

Mix de camarão e cebolinha 30

ensopado de espinafre 31

Curry Couve-Flor Mix 32

Ensopado de cenoura e abobrinha 33

Ensopado de couve e feijão verde 35

Sopa de Cogumelos 36

carne de porco chili 37

Salada de cogumelos com pimenta e salmão 38

Uma mistura de grão de bico e batata 40

Cardamomo Mix de Frango	42
Lentilhas Chili	44
endívias de alecrim	45
endívias de limão	46
espargos pesto	47
Páprica Cenoura	48
Caçarola de batata cremosa	49
repolho gergelim	50
coentro brócolis	51
Couve de Bruxelas Chili	52
Couve de Bruxelas e mistura de cebola verde	53
purê de couve-flor	54
salada de abacate	55
Salada de rabanete	56
Salada de endívias	57
Uma mistura de azeitonas e milho	58
Salada de rúcula e pinhão	59
amêndoas e espinafre	60
Salada de feijão verde e milho	61
Salada de endívia e repolho	62
nós comemos salada	63
Salada de uva e abacate	64
Mistura de berinjela com orégano	65
Mistura de tomate assado	66
cogumelos tomilho	67
Ensopado de Espinafre e Milho	68
Refogue o Milho e a Cebolinha	69

Salada de espinafre e manga	70
batata mostarda	71
Couve de Bruxelas de Coco	72
Cenoura Sálvia	73
Cogumelos alho e milho	74
pesto de feijão verde	75
tomate estragão	76
Beterraba Amêndoa	77
Tomate menta e milho	78
Molho de abobrinha e abacate	79
Mix de maçã e repolho	80
Beterraba assada	81
repolho dill	82
Salada de repolho e cenoura	83
Molho de tomate e azeitona	84
salada de abobrinha	85
Salada de cenoura ao curry	86
Salada de Alface e Beterraba	87
rabanetes de ervas	88
Mistura de erva-doce assada	89
Pimentos assados	90
Ensopado de Tâmaras e Couve	91
mistura de feijão preto	92
Uma mistura de azeitonas e endívias	93
Salada de tomate e pepino	94
Salada de pimenta e cenoura	95
Uma mistura de feijão preto e arroz	96

Uma mistura de arroz e couve-flor 97
mistura de feijão balsâmico 98
Beterraba cremosa 99
Mix de abacate e pimenta 100
Batata doce assada e beterraba 101
couve refogada 102
Cenouras temperadas 103
alcachofras de limão 104
Brócolis, feijão e arroz 105
Mistura de Abóbora Assada 106
espargos cremosos 107
Mistura de nabo de manjericão 108
Uma mistura de arroz e alcaparras 109
Uma mistura de espinafre e repolho 110
Mix de camarão e abacaxi 111
Salmão e azeitonas verdes 112
Salmão e Funcho 113
bacalhau e espargos 114
camarão apimentado 115
Robalo e tomate 116
camarão e feijão 117
Mix de camarão e rábano 118
Salada de camarão e estragão 119
bacalhau à parmegiana 120
Mix de Tilápia e Cebola Roxa 121
salada de truta 122
truta balsâmica 123

Salsa Salsa 124
Salada de truta e legumes 125
salmão açafrão 126
Salada de camarão e melancia 127
Salada de Camarão com Orégano e Quinoa 128
salada de caranguejo 129
vieiras balsâmicas 130
Mistura cremosa de linguado 131
Mistura picante de salmão e manga 132
Mix de Camarão Dill 133
patê de salmão 134
camarão com alcachofra 135
Camarão com molho de limão 136
Uma mistura de atum e laranja 137
caril de salmão 138
Mix de salmão e cenoura 139
Mix de camarão e pinhão 140
Bacalhau com Pimentos e Feijão Verde 141
vieiras de alho 142
Mistura cremosa de robalo 143
Uma mistura de robalo e cogumelos 144
sopa de salmão 145
Camarão Noz Moscada 146
Mix de camarão e frutas vermelhas 147
Truta de limão assada 148
Cebolinha Vieiras 149
Costeletas de atum 150

panela de salmão	151
mistura de bacalhau com mostarda	152
Mix de camarão e aspargos	153
bacalhau e ervilhas	154
Tigelas de camarão e mexilhão	155
creme de menta	156
pudim de framboesa	157
Barras de amêndoa	158
Mistura de pêssego assado	159
bolo de nozes	160
torta de maçã	161
creme de canela	162
Mistura Cremosa De Morango	163
Brownies de baunilha e noz-pecã	164
bolo de morango	165
pudim de cacau	167
Noz-moscada creme de baunilha	168
creme de abacate	169
creme de framboesa	170
salada de melancia	171
Mistura de Pêra e Coco	172
compota de maça	173
ensopado de damasco	174
Mistura de Limão Cantaloupe	175
Creme cremoso de ruibarbo	176
tigelas de abacaxi	177
ensopado de mirtilo	178

pudim de limão	179
creme de pêssego	180
Mistura de Canela e Ameixa	181
Maçãs de Chia e Baunilha	182
Pudim de Arroz e Pêra	183
ensopado de ruibarbo	184
creme de ruibarbo	185
salada de mirtilo	186
Creme de tâmaras e banana	187
pãezinhos de ameixa	188
Tigelas de ameixas e passas	189
Barras de girassol	190
Tigelas de amora e caju	191
Tigelas de laranjas e tangerinas	192
creme de abóbora	193
Uma mistura de figos e ruibarbo	194
banana apimentada	195
coquetel de cacau	196
Barras de banana	197
Barras de chá verde e tâmaras	198
creme de nozes	199
Bolo de limão	200
Barras de passas	201
quadrados de nectarina	202
guisado de uva	203
creme de tangerina e ameixa	204
Creme de cereja e morango	205

Cardamomo Noz e Arroz Pudim 206

pão de pera 207

Pudim de arroz e cereja 208

ensopado de melancia 209

pudim de gengibre 210

Creme de cajú 211

biscoitos de cânhamo 212

Tigelas de amêndoa e romã 213

Coxas de frango e legumes de alecrim 214

Frango com cenoura e repolho 216

Sanduíche de berinjela e peru 217

Sopa de truta e cenoura

Tempo de preparo: 10 minutos
Tempo de cozimento: 25 minutos
Porções: 4

Ingredientes:
- 1 cebola amarela, picada
- 12 xícaras de caldo de peixe com baixo teor de sódio
- 1 libra de cenouras, fatiadas
- 1 libra de filés de truta, sem osso, sem pele e em cubos
- 1 colher de sopa de páprica doce
- 1 xícara de tomates, em cubos
- 1 colher de sopa de azeite
- Pimenta preta a gosto

Instruções:
1. Aqueça uma panela com azeite em fogo médio, acrescente a cebola, mexa e refogue por 5 minutos.
2. Adicione o peixe, a cenoura e os demais ingredientes, deixe ferver e cozinhe em fogo médio por 20 minutos.
3. Distribua a sopa em tigelas e sirva.

Nutrição: calorias 361, gordura 13,4, fibra 4,6, carboidratos 164, proteína 44,1

Ensopado de Peru e Funcho

Tempo de preparo: 10 minutos
Tempo de cozimento: 45 minutos
Porções: 4

Ingredientes:
- 1 peito de peru sem pele, sem osso e em cubos
- 2 bulbos de erva-doce picados
- 1 colher de sopa de azeite
- 2 folhas de louro
- 1 cebola amarela, picada
- 1 xícara de tomate em conserva, sem sal
- 2 caldos de carne com baixo teor de sódio
- 3 dentes de alho, picados
- Pimenta preta a gosto

Instruções:
1. Aqueça uma panela com óleo em fogo médio, acrescente a cebola e a carne e refogue por 5 minutos.
2. Junte o funcho e os demais ingredientes, deixe ferver e cozinhe em fogo médio por 40 minutos, mexendo de vez em quando.
3. Divida o ensopado entre as tigelas e sirva.

Nutrição: calorias 371, gordura 12,8, fibra 5,3, carboidratos 16,7, proteína 11,9

sopa de berinjela

Tempo de preparo: 10 minutos
Tempo de cozimento: 30 minutos
Porções: 4

Ingredientes:
- 2 berinjelas grandes, cortadas grosseiramente
- 1 litro de caldo de legumes com baixo teor de sódio
- 2 colheres de sopa de extrato de tomate sem sal
- 1 cebola roxa, picada
- 1 colher de sopa de azeite
- 1 colher de sopa de coentro, picado
- Uma pitada de pimenta preta

Instruções:
1. Aqueça uma panela com azeite em fogo médio, acrescente a cebola, mexa e frite por 5 minutos.
2. Junte a berinjela e os demais ingredientes, leve ao fogo médio, cozinhe por 25 minutos, divida em tigelas e sirva.

Nutrição: Calorias 335, Gordura 14,4, Fibra 5, Carboidratos 16,1, Proteína 8,4

creme de batata doce

Tempo de preparo: 10 minutos
Tempo de cozimento: 25 minutos
Porções: 4

Ingredientes:
- 4 xícaras de caldo de legumes
- 2 colheres de óleo de abacate
- 2 batatas doces, descascadas e cortadas em cubos
- 2 cebolas amarelas, picadas
- 2 dentes de alho, picados
- 1 xícara de leite de coco
- Uma pitada de pimenta preta
- ½ colher de chá de manjericão, picado

Instruções:
1. Aqueça uma panela com azeite em fogo médio, acrescente a cebola e o alho, mexa e refogue por 5 minutos.
2. Adicione a batata-doce e os demais ingredientes, deixe ferver e cozinhe em fogo médio por 20 minutos.
3. Bata a sopa com um liquidificador de imersão, despeje em tigelas e sirva no almoço.

Nutrição: Calorias 303, Gordura 14,4, Fibra 4, Carboidratos 9,8, Proteína 4,5

Sopa de frango e cogumelos

Tempo de preparo: 10 minutos
Tempo de cozimento: 30 minutos
Porções: 4

Ingredientes:
- 1 litro de caldo de legumes, baixo teor de sódio
- 1 colher de sopa de gengibre, ralado
- 1 cebola amarela, picada
- 1 colher de sopa de azeite
- 1 libra de peito de frango sem pele, sem osso e em cubos
- ½ libra de cogumelos brancos fatiados
- 4 pimentas tailandesas picadas
- ¼ xícara de suco de limão
- ¼ xícara de coentro, picado
- Uma pitada de pimenta preta

Instruções:
1. Aqueça uma panela com azeite em fogo médio, acrescente a cebola, o gengibre, o pimentão e a carne, misture e refogue por 5 minutos.
2. Adicione os cogumelos, mexa e cozinhe por mais 5 minutos.
3. Adicione o restante dos ingredientes, deixe ferver e cozinhe em fogo médio por mais 20 minutos.
4. Distribua a sopa em tigelas e sirva imediatamente.

Nutrição: Calorias 226, Gordura 8,4, Fibra 3,3, Carboidratos 13,6, Proteína 28,2

frigideira de salmão

Tempo de preparo: 10 minutos
Tempo de cozimento: 20 minutos
Porções: 4

Ingredientes:
- 4 filés de salmão sem osso
- 3 dentes de alho, picados
- 1 cebola amarela, picada
- Pimenta preta a gosto
- 2 colheres de sopa de azeite
- Sumo de 1 lima
- 1 colher de sopa de raspas de limão, ralado
- 1 colher de sopa de tomilho, picado

Instruções:
1. Aqueça uma panela com azeite em fogo médio, acrescente a cebola e o alho, mexa e refogue por 5 minutos.
2. Adicione o peixe e cozinhe por 3 minutos de cada lado.
3. Adicione os ingredientes restantes, ferva tudo por mais 10 minutos, divida em pratos e sirva no almoço.

Nutrição: calorias 315, gordura 18,1, fibra 1,1, carboidratos 4,9, proteína 35,1

Salada de batata

Tempo de preparo: 10 minutos
Tempo de cozimento: 20 minutos
Porções: 4

Ingredientes:
- 2 tomates picados
- 2 abacates, sem caroço e fatiados
- 2 xícaras de espinafre baby
- 2 cebolinhas picadas
- 1 libra de batatas douradas, cozidas, descascadas e fatiadas
- 1 colher de sopa de azeite
- 1 colher de sopa de suco de limão
- 1 cebola amarela, picada
- 2 dentes de alho, picados
- Pimenta preta a gosto
- 1 maço de coentro, picado

Instruções:
1. Aqueça uma panela com azeite em fogo médio, acrescente a cebola, a cebolinha e o alho, mexa e refogue por 5 minutos.
2. Adicione as batatas, mexa delicadamente e cozinhe por mais 5 minutos.
3. Adicione o restante dos ingredientes, misture, cozinhe em fogo médio por mais 10 minutos, divida em tigelas e sirva no almoço.

Nutrição: Calorias 342, Gordura 23,4, Fibra 11,7, Carboidratos 33,5, Proteína 5

Caçarola de carne moída e tomate

Tempo de preparo: 10 minutos
Tempo de cozimento: 20 minutos
Porções: 4

Ingredientes:
- 1 libra de carne moída
- 1 cebola roxa, picada
- 1 colher de sopa de azeite
- 1 xícara de tomate cereja, cortados ao meio
- ½ pimenta vermelha, picada
- Pimenta preta a gosto
- 1 colher de sopa de alho, picado
- 1 colher de sopa de alecrim, picado
- 3 colheres de sopa de caldo de carne com baixo teor de sódio

Instruções:
1. Aqueça uma frigideira com azeite em fogo médio, acrescente a cebola e o pimentão, mexa e refogue por 5 minutos.
2. Adicione a carne, mexa e cozinhe por mais 5 minutos.
3. Junte os demais ingredientes, misture, cozinhe por 10 minutos, divida em tigelas e sirva no almoço.

Nutrição: Calorias 320, Gordura 11,3, Fibra 4,4, Carboidratos 18,4, Proteína 9

Salada de camarão e abacate

Tempo de preparo: 5 minutos
Tempo de cozimento: 0 minutos
Porções: 4

Ingredientes:
- 1 laranja, descascada e cortada
- 1 libra de camarão, cozido, descascado e eviscerado
- 2 xícaras de rúcula baby
- 1 abacate, sem caroço, descascado e picado
- 2 colheres de sopa de azeite
- 2 colheres de vinagre balsâmico
- ½ suco de laranja
- Sal e pimenta preta

Instruções:
1. Misture os camarões com as laranjas e outros ingredientes em uma saladeira, misture e sirva no almoço.

Nutrição: calorias 300, gordura 5,2, fibra 2, carboidratos 11,4, proteína 6,7

creme de brócolis

Tempo de preparo: 10 minutos
Tempo de cozimento: 40 minutos
Porções: 4

Ingredientes:
- 2 quilos de floretes de brócolis
- 1 cebola amarela, picada
- 1 colher de sopa de azeite
- Pimenta preta a gosto
- 2 dentes de alho, picados
- 3 xícaras de caldo de carne com baixo teor de sódio
- 1 xícara de leite de coco
- 2 colheres de sopa de coentro, picado

Instruções:
1. Aqueça uma panela com azeite em fogo médio, acrescente a cebola e o alho, mexa e refogue por 5 minutos.
2. Adicione o brócolis e os demais ingredientes, exceto o leite de coco, deixe ferver e cozinhe em fogo médio por mais 35 minutos.
3. Bata a sopa no liquidificador, acrescente o leite de coco, bata novamente, divida em tigelas e sirva.

Nutrição: calorias 330, gordura 11,2, fibra 9,1, carboidratos 16,4, proteína 9,7

Sopa de repolho

Tempo de preparo: 10 minutos
Tempo de cozimento: 40 minutos
Porções: 4

Ingredientes:
- 1 cabeça grande de repolho verde, grosseiramente picada
- 1 cebola amarela, picada
- 1 colher de sopa de azeite
- Pimenta preta a gosto
- 1 alho-poró picado
- 2 xícaras de tomate enlatado, baixo teor de sódio
- 4 xícaras de caldo de galinha, baixo teor de sódio
- 1 colher de sopa de coentro, picado

Instruções:
1. Aqueça uma panela com azeite em fogo médio, acrescente a cebola e o alho-poró, mexa e refogue por 5 minutos.
2. Adicione o repolho e outros ingredientes, exceto o coentro, deixe ferver e cozinhe em fogo médio por 35 minutos.
3. Coloque a sopa em tigelas, polvilhe coentro por cima e sirva.

Nutrição: calorias 340, gordura 11,7, fibra 6, carboidratos 25,8, proteína 11,8

Sopa de aipo e couve-flor

Tempo de preparo: 10 minutos
Tempo de cozimento: 40 minutos
Porções: 4

Ingredientes:
- 2 quilos de floretes de couve-flor
- 1 cebola roxa, picada
- 1 colher de sopa de azeite
- 1 xícara de purê de tomate
- Pimenta preta a gosto
- 1 xícara de aipo, picado
- 6 xícaras de caldo de galinha com baixo teor de sódio
- 1 colher de sopa de endro, picado

Instruções:
4. Aqueça uma panela com azeite em fogo médio, acrescente a cebola e o aipo, mexa e refogue por 5 minutos.
5. Adicione a couve-flor e os demais ingredientes, deixe ferver e cozinhe em fogo médio por mais 35 minutos.
6. Divida a sopa em tigelas e sirva.

Nutrição: Calorias 135, Gordura 4, Fibra 8, Carboidratos 21,4, Proteína 7,7

Sopa de carne de porco e alho-poró

Tempo de preparo: 10 minutos
Tempo de cozimento: 40 minutos
Porções: 4

Ingredientes:
- 1 libra de carne de ensopado de porco, em cubos
- Pimenta preta a gosto
- 5 alhos-porós picados
- 1 cebola amarela, picada
- 2 colheres de sopa de azeite
- 1 colher de sopa de salsa, picada
- 6 xícaras de caldo de carne com baixo teor de sódio

Instruções:
4. Aqueça uma panela com azeite em fogo médio, acrescente a cebola e o alho-poró, mexa e refogue por 5 minutos.
5. Adicione a carne, mexa e cozinhe por mais 5 minutos.
6. Adicione o restante dos ingredientes, deixe ferver e cozinhe em fogo médio por 30 minutos.
7. Distribua a sopa em tigelas e sirva.

Nutrição: Calorias 395, Gordura 18,3, Fibra 2,6, Carboidratos 18,4, Proteína 38,2

Camarão com hortelã e salada de brócolis

Tempo de preparo: 5 minutos
Tempo de cozimento: 20 minutos
Porções: 4

Ingredientes:
- 1/3 xícara de caldo de legumes com baixo teor de sódio
- 2 colheres de sopa de azeite
- 2 xícaras de floretes de brócolis
- 1 libra de camarão, descascado e eviscerado
- Pimenta preta a gosto
- 1 cebola amarela, picada
- 4 tomates cereja cortados ao meio
- 2 dentes de alho, picados
- Suco de ½ limão
- ½ xícara de azeitonas kalamata, sem caroço e cortadas ao meio
- 1 colher de sopa de hortelã, picada

Instruções:
1. Aqueça uma panela com azeite em fogo médio, acrescente a cebola e o alho, mexa e refogue por 3 minutos.
2. Adicione os camarões, mexa e cozinhe por mais 2 minutos.
3. Acrescente o brócolis e demais ingredientes, misture, cozinhe tudo por 10 minutos, divida em tigelas e sirva no almoço.

Nutrição: calorias 270, gordura 11,3, fibra 4,1, carboidratos 14,3, proteína 28,9

Sopa de camarão e bacalhau

Tempo de preparo: 10 minutos
Tempo de cozimento: 20 minutos
Porções: 4

Ingredientes:
- 1 litro de caldo de galinha com baixo teor de sódio
- ½ quilo de camarão, descascado e eviscerado
- ½ quilo de filés de bacalhau, sem osso, sem pele e em cubos
- 2 colheres de sopa de azeite
- 2 colheres de chá de pimenta em pó
- 1 colher de chá de páprica doce
- 2 chalotas picadas
- Uma pitada de pimenta preta
- 1 colher de sopa de endro, picado

Instruções:
1. Aqueça uma panela com azeite em fogo médio, acrescente as chalotas, mexa e refogue por 5 minutos.
2. Adicione os camarões e o bacalhau e cozinhe por mais 5 minutos.
3. Adicione o restante dos ingredientes, deixe ferver e cozinhe em fogo médio por 10 minutos.
4. Divida a sopa em tigelas e sirva.

Nutrição: Calorias 189, Gordura 8,8, Fibra 0,8, Carboidratos 3,2, Proteína 24,6

Mix de camarão e cebolinha

Tempo de preparo: 10 minutos
Tempo de cozimento: 10 minutos
Porções: 4

Ingredientes:
- 2 quilos de camarão, descascado e eviscerado
- 1 xícara de tomate cereja, cortados ao meio
- 1 colher de sopa de azeite
- 4 cebolas verdes, picadas
- 1 colher de sopa de vinagre balsâmico
- 1 colher de sopa de alho, picado

Instruções:
1. Aqueça uma panela com azeite em fogo médio, acrescente a cebola e os tomates cereja, mexa e refogue por 4 minutos.
2. Junte os camarões e demais ingredientes, cozinhe por mais 6 minutos, divida pelos pratos e sirva.

Nutrição: Calorias 313, Gordura 7,5, Fibra 1, Carboidratos 6,4, Proteína 52,4

ensopado de espinafre

Tempo de preparo: 10 minutos
Tempo de cozimento: 15 minutos
Porções: 4

Ingredientes:
- 1 colher de sopa de azeite
- 1 colher de chá de gengibre, ralado
- 2 dentes de alho, picados
- 1 cebola amarela, picada
- 2 tomates picados
- 1 xícara de tomate em conserva, sem sal
- 1 colher de chá de cominho, moído
- Uma pitada de pimenta preta
- 1 xícara de caldo de legumes com baixo teor de sódio
- 2 libras de folhas de espinafre

Instruções:
1. Aqueça uma panela com azeite em fogo médio, acrescente o gengibre, o alho e a cebola, mexa e refogue por 5 minutos.
2. Adicione os tomates, tomates enlatados e outros ingredientes, mexa delicadamente, deixe ferver e cozinhe por mais 10 minutos.
3. Divida o ensopado entre as tigelas e sirva.

Nutrição: Calorias 123, Gordura 4,8, Fibra 7,3, Carboidratos 17, Proteína 8,2

Curry Couve-Flor Mix

Tempo de preparo: 10 minutos
Tempo de cozimento: 25 minutos
Porções: 4

Ingredientes:
- 1 cebola roxa, picada
- 1 colher de sopa de azeite
- 2 dentes de alho, picados
- 1 pimenta vermelha, picada
- 1 pimentão verde, picado
- 1 colher de sopa de suco de limão
- floretes de couve-flor de 1 libra
- 14 onças de tomates enlatados, em cubos
- 2 colheres de chá de caril em pó
- Uma pitada de pimenta preta
- 2 xícaras de creme de coco
- 1 colher de sopa de coentro, picado

Instruções:
1. Aqueça uma panela com azeite em fogo médio, acrescente a cebola e o alho, mexa e refogue por 5 minutos.
2. Adicione os pimentões e outros ingredientes, deixe ferver e cozinhe em fogo médio por 20 minutos.
3. Divida tudo em tigelas e sirva.

Nutrição: Calorias 270, Gordura 7,7, Fibra 5,4, Carboidratos 12,9, Proteína 7

Ensopado de cenoura e abobrinha

Tempo de preparo: 10 minutos
Tempo de cozimento: 30 minutos
Porções: 4

Ingredientes:
- 1 cebola amarela, picada
- 2 colheres de sopa de azeite
- 2 dentes de alho, picados
- 4 abobrinhas fatiadas
- 2 cenouras, fatiadas
- 1 colher de chá de páprica doce
- ¼ colher de chá de pimenta em pó
- Uma pitada de pimenta preta
- ½ xícara de tomate, em cubos
- 2 xícaras de caldo de legumes com baixo teor de sódio
- 1 colher de sopa de alho, picado
- 1 colher de sopa de alecrim, picado

Instruções:
1. Aqueça uma panela com azeite em fogo médio, acrescente a cebola e o alho, mexa e refogue por 5 minutos.
2. Adicione a abobrinha, a cenoura e os demais ingredientes, deixe ferver e cozinhe por mais 25 minutos.
3. Divida o ensopado entre as tigelas e sirva imediatamente no almoço.

Nutrição: Calorias 272, Gordura 4,6, Fibra 4,7, Carboidratos 14,9, Proteína 9

Ensopado de couve e feijão verde

Tempo de preparo: 10 minutos
Tempo de cozimento: 25 minutos
Porções: 4

Ingredientes:
- 2 colheres de sopa de azeite
- 1 cabeça de repolho roxo, picado
- 1 cebola roxa, picada
- 1 libra de feijão verde, aparado e cortado ao meio
- 2 dentes de alho, picados
- 7 onças de tomates enlatados, picados sem sal
- 2 xícaras de caldo de legumes com baixo teor de sódio
- Uma pitada de pimenta preta
- 1 colher de sopa de endro, picado

Instruções:
1. Aqueça uma panela com azeite em fogo médio, acrescente a cebola e o alho, mexa e refogue por 5 minutos.
2. Adicione o repolho e os demais ingredientes, mexa, tampe e cozinhe em fogo médio por 20 minutos.
3. Divida em tigelas e sirva no almoço.

Nutrição: calorias 281, gordura 8,5, fibra 7,1, carboidratos 14,9, proteína 6,7

Sopa de Cogumelos

Tempo de preparo: 5 minutos
Tempo de cozimento: 30 minutos
Porções: 4

Ingredientes:
- 1 cebola amarela, picada
- 1 colher de sopa de azeite
- 1 pimenta malagueta vermelha, picada
- 1 colher de chá de pimenta em pó
- ½ colher de chá de pimenta
- 4 dentes de alho, picados
- 1 libra de cogumelos porcini, fatiados
- 6 xícaras de caldo de legumes com baixo teor de sódio
- 1 xícara de tomate, picado
- ½ colher de sopa de salsa, picada

Instruções:
1. Aqueça uma panela com azeite em fogo médio, acrescente a cebola, a pimenta malagueta, a pimenta malagueta, a pimenta malagueta e o alho, mexa e refogue por 5 minutos.
2. Adicione os cogumelos, mexa e cozinhe por mais 5 minutos.
3. Adicione o restante dos ingredientes, deixe ferver e cozinhe em fogo médio por 20 minutos.
4. Divida a sopa em tigelas e sirva.

Nutrição: Calorias 290, Gordura 6,6, Fibra 4,6, Carboidratos 16,9, Proteína 10

carne de porco chili

Tempo de preparo: 10 minutos
Tempo de cozimento: 30 minutos
Porções: 4

Ingredientes:
- 2 libras de carne de porco ensopada, em cubos
- 2 colheres de sopa de pasta de pimentão
- 1 cebola amarela, picada
- 2 dentes de alho, picados
- 1 colher de sopa de azeite
- 2 xícaras de caldo de carne com baixo teor de sódio
- 1 colher de sopa de orégano, picado

Instruções:
1. Aqueça uma panela com azeite em fogo médio-alto, acrescente a cebola e o alho, mexa e refogue por 5 minutos.
2. Adicione a carne e cozinhe por mais 5 minutos.
3. Adicione o restante dos ingredientes, deixe ferver e cozinhe em fogo médio por mais 20 minutos.
4. Divida a mistura entre as tigelas e sirva.

Nutrição: Calorias 363, Gordura 8,6, Fibra 7, Carboidratos 17,3, Proteína 18,4

Salada de cogumelos com pimenta e salmão

Tempo de preparo: 10 minutos
Tempo de cozimento: 20 minutos
Porções: 4

Ingredientes:
- 10 oz salmão defumado, baixo teor de sódio, desossado, sem pele e em cubos
- 2 cebolas verdes, picadas
- 2 pimentas malaguetas vermelhas, picadas
- 1 colher de sopa de azeite
- ½ colher de chá de orégano, seco
- ½ colher de chá de páprica defumada
- Uma pitada de pimenta preta
- 8 onças de cogumelos porcini, fatiados
- 1 colher de sopa de suco de limão
- 1 xícara de azeitonas pretas sem caroço e cortadas ao meio
- 1 colher de sopa de salsa, picada

Instruções:
1. Aqueça uma panela com azeite em fogo médio, acrescente a cebola e a pimenta malagueta, mexa e refogue por 4 minutos.
2. Adicione os cogumelos, mexa e refogue por 5 minutos.
3. Adicione o salmão e os demais ingredientes, misture, ferva tudo por mais 10 minutos, divida em tigelas e sirva no almoço.

Nutrição: calorias 321, gordura 8,5, fibra 8, carboidratos 22,2, proteína 13,5

Uma mistura de grão de bico e batata

Tempo de preparo: 10 minutos
Tempo de cozimento: 30 minutos
Porções: 4

Ingredientes:
- 2 colheres de sopa de azeite
- 1 xícara de grão de bico enlatado, sem sal, escorrido e enxaguado
- 1 libra de batata-doce descascada e cortada em rodelas
- 4 dentes de alho, picados
- 2 chalotas picadas
- 1 xícara de tomate em conserva, sem sal e picado
- 1 colher de chá de coentro, moído
- 2 tomates picados
- 1 xícara de caldo de legumes com baixo teor de sódio
- Uma pitada de pimenta preta
- 1 colher de sopa de suco de limão
- 1 colher de sopa de coentro, picado

Instruções:
1. Aqueça uma panela com azeite em fogo médio, acrescente as chalotas e o alho, mexa e refogue por 5 minutos.
2. Adicione o grão-de-bico, as batatas e os demais ingredientes, deixe ferver e cozinhe em fogo médio por 25 minutos.
3. Divida tudo em tigelas e sirva no almoço.

Nutrição: calorias 341, gordura 11,7, fibra 6, carboidratos 14,9, proteína 18,7

Cardamomo Mix de Frango

Tempo de preparo: 10 minutos
Tempo de cozimento: 30 minutos
Porções: 4

Ingredientes:
- 1 colher de sopa de azeite
- 1 libra de peito de frango sem pele, sem osso e em cubos
- 1 chalota picada
- 1 colher de sopa de gengibre, ralado
- 2 dentes de alho, picados
- 1 colher de chá de cardamomo, moído
- ½ colher de chá de açafrão em pó
- 1 colher de chá de suco de limão
- 1 xícara de caldo de galinha com baixo teor de sódio
- 1 colher de sopa de coentro, picado

Instruções:
1. Aqueça uma panela com azeite em fogo médio, acrescente a chalota, o gengibre, o alho, o cardamomo e o açafrão, mexa e refogue por 5 minutos.
2. Adicione a carne e cozinhe por 5 minutos.
3. Adicione o restante dos ingredientes, leve tudo para ferver e cozinhe por 20 minutos.
4. Divida a mistura entre as tigelas e sirva.

Nutrição: Calorias 175, Gordura 6,5, Fibra 0,5, Carboidratos 3,3, Proteína 24,7

Lentilhas Chili

Tempo de preparo: 10 minutos
Tempo de cozimento: 35 min
Porções: 6

Ingredientes:
- 1 pimentão verde, picado
- 1 colher de sopa de azeite
- 2 cebolinhas picadas
- 2 dentes de alho, picados
- 24 onças de lentilhas enlatadas, sem sal, escorridas e enxaguadas
- 2 xícaras de caldo de legumes
- 2 colheres de sopa de pimenta em pó, leve
- ½ colher de chá de chipotle em pó
- 30 onças de tomate enlatado, sem sal, picado
- Uma pitada de pimenta preta

Instruções:
1. Aqueça uma panela com azeite em fogo médio, acrescente a cebola e o alho, mexa e refogue por 5 minutos.
2. Adicione os pimentões, as lentilhas e outros ingredientes, deixe ferver e cozinhe em fogo médio por 30 minutos.
3. Divida o chili entre as tigelas e sirva no almoço.

Nutrição: Calorias 466, Gordura 5, Fibra 37,6, Carboidratos 77,9, Proteína 31,2

endívias de alecrim

Tempo de preparo: 10 minutos
Tempo de cozimento: 20 minutos
Porções: 4

Ingredientes:
- 2 endívias cortadas no sentido do comprimento
- 2 colheres de sopa de azeite
- 1 colher de chá de alecrim, seco
- ½ colher de chá de açafrão em pó
- Uma pitada de pimenta preta

Instruções:
1. Combine endívias com óleo e outros ingredientes em uma assadeira, misture delicadamente, coloque no forno e asse a 400 graus F por 20 minutos.
2. Divida entre os pratos e sirva como acompanhamento.

Nutrição: Calorias 66, Gordura 7,1, Fibra 1, Carboidratos 1,2, Proteína 0,3

endívias de limão

Tempo de preparo: 10 minutos
Tempo de cozimento: 20 minutos
Porções: 4

Ingredientes:
- 4 endívias, cortadas ao meio no sentido do comprimento
- 1 colher de sopa de suco de limão
- 1 colher de sopa de casca de limão, ralada
- 2 colheres de sopa de parmesão com baixo teor de gordura, ralado
- 2 colheres de sopa de azeite
- Uma pitada de pimenta preta

Instruções:
1. Em uma assadeira, junte as endívias com o suco de limão e os demais ingredientes, exceto o parmesão, e misture.
2. Polvilhe parmesão por cima, asse as endívias a 400 graus F por 20 minutos, divida entre os pratos e sirva como acompanhamento.

Nutrição: calorias 71, gordura 7,1, fibra 0,9, carboidratos 2,3, proteína 0,9

espargos pesto

Tempo de preparo: 10 minutos
Tempo de cozimento: 20 minutos
Porções: 4

Ingredientes:
- 1 libra de espargos, aparados
- 2 colheres de pesto de manjericão
- 1 colher de sopa de suco de limão
- Uma pitada de pimenta preta
- 3 colheres de sopa de azeite
- 2 colheres de sopa de coentro, picado

Instruções:
1. Arrume os aspargos em uma assadeira, acrescente o pesto e outros ingredientes, misture, leve ao forno e asse a 400 graus F por 20 minutos.
2. Divida entre os pratos e sirva como acompanhamento.

Nutrição: Calorias 114, Gordura 10,7, Fibra 2,4, Carboidratos 4,6, Proteína 2,6

Páprica Cenoura

Tempo de preparo: 10 minutos
Tempo de cozimento: 30 minutos
Porções: 4

Ingredientes:
- 1 libra de cenouras baby, aparadas
- 1 colher de sopa de páprica doce
- 1 colher de chá de suco de limão
- 3 colheres de sopa de azeite
- Uma pitada de pimenta preta
- 1 colher de chá de sementes de sésamo

Instruções:
1. Arrume as cenouras em uma assadeira forrada, adicione a páprica e outros ingredientes, exceto as sementes de gergelim, misture, coloque no forno e asse a 400 graus F por 30 minutos.
2. Divida as cenouras entre os pratos, polvilhe as sementes de gergelim por cima e sirva como acompanhamento.

Nutrição: calorias 142, gordura 11,3, fibra 4,1, carboidratos 11,4, proteína 1,2

Caçarola de batata cremosa

Tempo de preparo: 10 minutos
Tempo de cozimento: 1 hora
Porções: 8

Ingredientes:
- 1 libra de batatas douradas, descascadas e cortadas
- 2 colheres de sopa de azeite
- 1 cebola roxa, picada
- 2 dentes de alho, picados
- 2 xícaras de creme de coco
- 1 colher de sopa de tomilho, picado
- ¼ colher de chá de noz-moscada, moída
- ½ xícara de parmesão com baixo teor de gordura, ralado

Instruções:
1. Aqueça uma panela com azeite em fogo médio, acrescente a cebola e o alho e frite por 5 minutos.
2. Adicione as batatas e cozinhe por mais 5 minutos.
3. Despeje o creme de leite e os demais ingredientes, misture delicadamente, deixe ferver e cozinhe em fogo médio por mais 40 minutos.
4. Divida a mistura entre os pratos e sirva como acompanhamento.

Nutrição: calorias 230, gordura 19,1, fibra 3,3, carboidratos 14,3, proteína 3,6

repolho gergelim

Tempo de preparo: 10 minutos
Tempo de cozimento: 20 minutos
Porções: 4

Ingredientes:
- 1 libra de repolho verde, picado grosseiramente
- 2 colheres de sopa de azeite
- Uma pitada de pimenta preta
- 1 chalota picada
- 2 dentes de alho, picados
- 2 colheres de vinagre balsâmico
- 2 colheres de chá de pimenta
- 1 colher de chá de sementes de sésamo

Instruções:
1. Aqueça uma panela com azeite em fogo médio, adicione as chalotas e o alho e refogue por 5 minutos.
2. Junte a couve e os demais ingredientes, misture, cozinhe em fogo médio por 15 minutos, divida em pratos e sirva.

Nutrição: calorias 101, gordura 7,6, fibra 3,4, carboidratos 84, proteína 1,9

coentro brócolis

Tempo de preparo: 10 minutos
Tempo de cozimento: 30 minutos
Porções: 4

Ingredientes:
- 2 colheres de sopa de azeite
- floretes de brócolis de 1 libra
- 2 dentes de alho, picados
- 2 colheres de sopa de molho de pimenta
- 1 colher de sopa de suco de limão
- Uma pitada de pimenta preta
- 2 colheres de sopa de coentro, picado

Instruções:
1. Misture o brócolis com óleo, alho e outros ingredientes em uma assadeira, levemente marrom, coloque no forno e asse a 400 graus F por 30 minutos.
2. Divida a mistura entre os pratos e sirva como acompanhamento.

Nutrição: Calorias 103, Gordura 7,4, Fibra 3, Carboidratos 8,3, Proteína 3,4

Couve de Bruxelas Chili

Tempo de preparo: 10 minutos
Tempo de cozimento: 25 minutos
Porções: 4

Ingredientes:
- 1 colher de sopa de azeite
- 1 libra de couve de Bruxelas, aparada e cortada ao meio
- 2 dentes de alho, picados
- ½ xícara de mussarela com baixo teor de gordura, desfiada
- Uma pitada de flocos de pimenta, esmagados

Instruções:
1. Em uma assadeira, junte as couves com o azeite e os demais ingredientes, exceto o queijo, e misture.
2. Polvilhe o queijo por cima, coloque no forno e asse a 400 graus F por 25 minutos.
3. Divida entre os pratos e sirva como acompanhamento.

Nutrição: calorias 91, gordura 4,5, fibra 4,3, carboidratos 10,9, proteína 5

Couve de Bruxelas e mistura de cebola verde

Tempo de preparo: 10 minutos
Tempo de cozimento: 25 minutos
Porções: 4

Ingredientes:
- 2 colheres de sopa de azeite
- 1 libra de couve de Bruxelas, aparada e cortada ao meio
- 3 cebolas verdes, picadas
- 2 dentes de alho, picados
- 1 colher de sopa de vinagre balsâmico
- 1 colher de sopa de páprica doce
- Uma pitada de pimenta preta

Instruções:
1. Misture as couves de Bruxelas com óleo e outros ingredientes em uma assadeira, misture e asse a 400 graus F por 25 minutos.
2. Divida a mistura entre os pratos e sirva.

Nutrição: calorias 121, gordura 7,6, fibra 5,2, carboidratos 12,7, proteína 4,4

purê de couve-flor

Tempo de preparo: 10 minutos
Tempo de cozimento: 25 minutos
Porções: 4

Ingredientes:
- 2 quilos de floretes de couve-flor
- ½ xícara de leite de coco
- Uma pitada de pimenta preta
- ½ xícara de creme azedo com baixo teor de gordura
- 1 colher de sopa de coentro, picado
- 1 colher de sopa de alho, picado

Instruções:
1. Coloque a couve-flor em uma panela, adicione água até cobrir, leve para ferver em fogo médio, cozinhe por 25 minutos e escorra.
2. Amasse a couve-flor, acrescente o leite, a pimenta-do-reino e o creme de leite, bata bem, divida em pratos, polvilhe o restante dos ingredientes e sirva.

Nutrição: Calorias 188, Gordura 13,4, Fibra 6,4, Carboidratos 15, Proteína 6,1

salada de abacate

Tempo de preparo: 5 minutos
Tempo de cozimento: 0 minutos
Porções: 4

Ingredientes:
- 2 colheres de sopa de azeite
- 2 abacates, descascados, sem caroço e fatiados
- 1 xícara de azeitonas kalamata, sem caroço e cortadas ao meio
- 1 xícara de tomates, em cubos
- 1 colher de sopa de gengibre, ralado
- Uma pitada de pimenta preta
- 2 xícaras de rúcula baby
- 1 colher de sopa de vinagre balsâmico

Instruções:
1. Em uma tigela, misture os abacates com o kalamata e outros ingredientes, misture e sirva como acompanhamento.

Nutrição: Calorias 320, Gordura 30,4, Fibra 8,7, Carboidratos 13,9, Proteína 3

Salada de rabanete

Tempo de preparo: 5 minutos
Tempo de cozimento: 0 minutos
Porções: 4

Ingredientes:
- 2 cebolas verdes, picadas
- 1 libra de rabanetes, em cubos
- 2 colheres de vinagre balsâmico
- 2 colheres de sopa de azeite
- 1 colher de chá de pimenta em pó
- 1 xícara de azeitonas pretas sem caroço e cortadas ao meio
- Uma pitada de pimenta preta

Instruções:
1. Em uma saladeira grande, misture os rabanetes com as cebolas e outros ingredientes, misture e sirva como acompanhamento.

Nutrição: Calorias 123, Gordura 10,8, Fibra 3,3, Carboidratos 7, Proteína 1,3

Salada de endívias

Tempo de preparo: 5 minutos
Tempo de cozimento: 0 minutos
Porções: 4

Ingredientes:
- 2 endívias picadas grosseiramente
- 1 colher de sopa de endro, picado
- ¼ xícara de suco de limão
- ¼ xícara de azeite
- 2 xícaras de espinafre baby
- 2 tomates, em cubos
- 1 pepino, fatiado
- ½ xícara de nozes, picadas

Instruções:
1. Em uma tigela grande, misture as endívias com o espinafre e outros ingredientes, misture e sirva como acompanhamento.

Nutrição: Calorias 238, Gordura 22,3, Fibra 3,1, Carboidratos 8,4, Proteína 5,7

Uma mistura de azeitonas e milho

Tempo de preparo: 5 minutos
Tempo de cozimento: 0 minutos
Porções: 4

Ingredientes:
- 2 colheres de sopa de azeite
- 1 colher de sopa de vinagre balsâmico
- Uma pitada de pimenta preta
- 4 xícaras de milho
- 2 xícaras de azeitonas pretas sem caroço e cortadas ao meio
- 1 cebola roxa, picada
- ½ xícara de tomate cereja, cortados ao meio
- 1 colher de sopa de manjericão, picado
- 1 colher de sopa de jalapeno, picado
- 2 xícaras de alface romana, picada

Instruções:
1. Em uma tigela grande, misture o milho com as azeitonas, salada e demais ingredientes, misture bem, divida entre os pratos e sirva como acompanhamento.

Nutrição: Calorias 290, Gordura 16,1, Fibra 7,4, Carboidratos 37,6, Proteína 6,2

Salada de rúcula e pinhão

Tempo de preparo: 5 minutos
Tempo de cozimento: 0 minutos
Porções: 4

Ingredientes:
- ¼ xícara de sementes de romã
- 5 xícaras de rúcula baby
- 6 colheres de sopa de cebolinha verde picada
- 1 colher de sopa de vinagre balsâmico
- 2 colheres de sopa de azeite
- 3 colheres de pinhões
- ½ chalota picada

Instruções:
1. Em uma saladeira, misture a rúcula com romã e outros ingredientes, misture e sirva.

Nutrição: Calorias 120, Gordura 11,6, Fibra 0,9, Carboidratos 4,2, Proteína 1,8

amêndoas e espinafre

Tempo de preparo: 10 minutos
Tempo de cozimento: 0 minutos
Porções: 4

Ingredientes:
- 2 colheres de sopa de azeite
- 2 abacates, descascados, sem caroço e fatiados
- 3 xícaras de espinafre baby
- ¼ xícara de amêndoas, torradas e picadas
- 1 colher de sopa de suco de limão
- 1 colher de sopa de coentro, picado

Instruções:
1. Em uma tigela, misture os abacates com as amêndoas, espinafre e outros ingredientes, misture e sirva como acompanhamento.

Nutrição: calorias 181, gordura 4, fibra 4,8, carboidratos 11,4, proteína 6

Salada de feijão verde e milho

Tempo de preparo: 4 minutos
Tempo de cozimento: 0 minutos
Porções: 4

Ingredientes:
- Sumo de 1 lima
- 2 xícaras de alface romana, picada
- 1 xícara de milho
- ½ libra de feijão verde, escaldado e cortado ao meio
- 1 pepino, picado
- 1/3 xícara de alho, picado

Instruções:
1. Em uma tigela, misture o feijão verde com o milho e demais ingredientes, misture e sirva.

Nutrição: Calorias 225, Gordura 12, Fibra 2,4, Carboidratos 11,2, Proteína 3,5

Salada de endívia e repolho

Tempo de preparo: 4 minutos
Tempo de cozimento: 0 minutos
Porções: 4

Ingredientes:
- 3 colheres de sopa de azeite
- 2 endívias, aparadas e picadas
- 2 colheres de sopa de suco de limão
- 1 colher de sopa de raspas de limão, ralado
- 1 cebola roxa, fatiada
- 1 colher de sopa de vinagre balsâmico
- 1 libra de couve, rasgada
- Uma pitada de pimenta preta

Instruções:
1. Em uma tigela, junte as endívias com a couve e os demais ingredientes, misture bem e sirva frio como acompanhamento.

Nutrição: calorias 270, gordura 11,4, fibra 5, carboidratos 14,3, proteína 5,7

nós comemos salada

Tempo de preparo: 5 minutos
Tempo de cozimento: 6 minutos
Porções: 4

Ingredientes:
- 2 colheres de sopa de azeite
- 2 colheres de vinagre balsâmico
- 2 dentes de alho, picados
- 3 xícaras de edamame, sem casca
- 1 colher de sopa de alho, picado
- 2 chalotas picadas

Instruções:
1. Aqueça uma panela com óleo em fogo médio, acrescente o edamame, o alho e os demais ingredientes, mexa, cozinhe por 6 minutos, divida pelos pratos e sirva.

Nutrição: Calorias 270, Gordura 8,4, Fibra 5,3, Carboidratos 11,4, Proteína 6

Salada de uva e abacate

Tempo de preparo: 5 minutos
Tempo de cozimento: 0 minutos
Porções: 4

Ingredientes:
- 2 xícaras de espinafre baby
- 2 abacates, descascados, sem caroço e picados grosseiramente
- 1 pepino, fatiado
- 1 e ½ xícaras de uvas cruas, cortadas ao meio
- 2 colheres de óleo de abacate
- 1 colher de sopa de vinagre de cidra
- 2 colheres de sopa de salsa, picada
- Uma pitada de pimenta preta

Instruções:
1. Em uma saladeira, misture o espinafre com abacate e outros ingredientes, misture e sirva.

Nutrição: Calorias 277, Gordura 11,4, Fibra 5, Carboidratos 14,6, Proteína 4

Mistura de berinjela com orégano

Tempo de preparo: 10 minutos
Tempo de cozimento: 20 minutos
Porções: 4

Ingredientes:
- 2 berinjelas grandes, cortadas grosseiramente
- 1 colher de sopa de orégano, picado
- ½ xícara de parmesão com baixo teor de gordura, ralado
- ¼ colher de chá de alho em pó
- 2 colheres de sopa de azeite
- Uma pitada de pimenta preta

Instruções:
1. Combine berinjela com orégano e outros ingredientes, exceto queijo em uma assadeira e misture.
2. Polvilhe o parmesão por cima, coloque no forno e asse a 370 graus F por 20 minutos.
3. Divida entre os pratos e sirva como acompanhamento.

Nutrição: Calorias 248, Gordura 8,4, Fibra 4, Carboidratos 14,3, Proteína 5,4

Mistura de tomate assado

Tempo de preparo: 10 minutos
Tempo de cozimento: 20 minutos
Porções: 4

Ingredientes:
- 2 libras de tomates, cortados ao meio
- 1 colher de sopa de manjericão, picado
- 3 colheres de sopa de azeite
- 1 casca de limão, ralada
- 3 dentes de alho, picados
- ¼ xícara de parmesão com baixo teor de gordura, ralado
- Uma pitada de pimenta preta

Instruções:
1. Combine os tomates com o manjericão e todos os outros ingredientes, exceto o queijo em uma assadeira e misture.
2. Polvilhe o parmesão por cima, leve ao forno a 375 graus F por 20 minutos, divida entre os pratos e sirva como acompanhamento.

Nutrição: Calorias 224, Gordura 12, Fibra 4.3, Carboidratos 10.8, Proteína 5.1

cogumelos tomilho

Tempo de preparo: 10 minutos
Tempo de cozimento: 30 minutos
Porções: 4

Ingredientes:
- 2 libras de cogumelos porcini, cortados ao meio
- 4 dentes de alho, picados
- 2 colheres de sopa de azeite
- 1 colher de sopa de tomilho, picado
- 2 colheres de sopa de salsa, picada
- Pimenta preta a gosto

Instruções:
1. Combine os cogumelos com alho e outros ingredientes em uma assadeira, misture, coloque no forno e asse a 400 graus F por 30 minutos.
2. Divida entre os pratos e sirva como acompanhamento.

Nutrição: calorias 251, gordura 9,3, fibra 4, carboidratos 13,2, proteína 6

Ensopado de Espinafre e Milho

Tempo de preparo: 10 minutos
Tempo de cozimento: 15 minutos
Porções: 4

Ingredientes:
- 1 xícara de milho
- 1 libra de folhas de espinafre
- 1 colher de chá de páprica doce
- 1 colher de sopa de azeite
- 1 cebola amarela, picada
- ½ xícara de manjericão, rasgado
- Uma pitada de pimenta preta
- ½ colher de chá de flocos de pimenta vermelha

Instruções:
1. Aqueça uma panela com óleo em fogo médio, acrescente a cebola, mexa e frite por 5 minutos.
2. Junte o milho, o espinafre e demais ingredientes, misture, cozinhe em fogo médio por mais 10 minutos, divida em pratos e sirva.

Nutrição: calorias 201, gordura 13,1, fibra 2,5, carboidratos 14,4, proteína 3,7

Refogue o Milho e a Cebolinha

Tempo de preparo: 10 minutos
Tempo de cozimento: 15 minutos
Porções: 4

Ingredientes:
- 4 xícaras de milho
- 1 colher de sopa de óleo de abacate
- 2 chalotas picadas
- 1 colher de chá de pimenta em pó
- 2 colheres de sopa de extrato de tomate, sem sal
- 3 cebolinhas picadas
- Uma pitada de pimenta preta

Instruções:
1. Aqueça uma panela com azeite em fogo médio, acrescente a cebola e a pimenta malagueta, mexa e refogue por 5 minutos.
2. Junte o milho e os demais ingredientes, mexa, cozinhe por mais 10 minutos, divida em pratos e sirva como acompanhamento.

Nutrição: Calorias 259, Gordura 11,1, Fibra 2,6, Carboidratos 13,2, Proteína 3,5

Salada de espinafre e manga

Tempo de preparo: 10 minutos
Tempo de cozimento: 0 minutos
Porções: 4

Ingredientes:
- 1 xícara de manga, descascada e cortada em cubos
- 4 xícaras de espinafre baby
- 1 colher de sopa de azeite
- 2 cebolinhas picadas
- 1 colher de sopa de suco de limão
- 1 colher (sopa) de alcaparras, escorridas, sem sal
- 1/3 xícara de amêndoas, picadas

Instruções:
1. Em uma tigela, misture o espinafre com a manga e os demais ingredientes, mexa e sirva.

Nutrição: Calorias 200, Gordura 7,4, Fibra 3, Carboidratos 4,7, Proteína 4,4

batata mostarda

Tempo de preparo: 5 minutos
Tempo de cozimento: 1 hora
Porções: 4

Ingredientes:
- 1 libra de batatas douradas, descascadas e cortadas
- 2 colheres de sopa de azeite
- Uma pitada de pimenta preta
- 2 colheres de sopa de alecrim, picado
- 1 colher de sopa de mostarda Dijon
- 2 dentes de alho, picados

Instruções:
1. Misture as batatas com óleo e outros ingredientes em uma assadeira, misture, coloque no forno a 400 graus F e asse por cerca de 1 hora.
2. Divida entre os pratos e sirva imediatamente como acompanhamento.

Nutrição: Calorias 237, Gordura 11,5, Fibra 6,4, Carboidratos 14,2, Proteína 9

Couve de Bruxelas de Coco

Tempo de preparo: 5 minutos
Tempo de cozimento: 30 minutos
Porções: 4

Ingredientes:
- 1 libra de couve de Bruxelas, aparada e cortada ao meio
- 1 xícara de creme de coco
- 1 colher de sopa de azeite
- 2 chalotas picadas
- Uma pitada de pimenta preta
- ½ xícara de castanha de caju picada

Instruções:
1. Em uma panela, misture os brotos com o creme e os ingredientes restantes, misture e leve ao forno por 30 minutos a 350 graus F.
2. Divida entre os pratos e sirva como acompanhamento.

Nutrição: Calorias 270, Gordura 6,5, Fibra 5,3, Carboidratos 15,9, Proteína 3,4

Cenoura Sálvia

Tempo de preparo: 10 minutos
Tempo de cozimento: 30 minutos
Porções: 4

Ingredientes:
- 2 colheres de sopa de azeite
- 2 colheres de chá de páprica
- 1 libra de cenouras, descascadas e cortadas grosseiramente
- 1 cebola roxa, picada
- 1 colher de sopa de sálvia, picada
- Uma pitada de pimenta preta

Instruções:
1. Misture as cenouras com óleo e outros ingredientes em uma assadeira, misture e asse a 380 graus F por 30 minutos.
2. Divida entre os pratos e sirva.

Nutrição: Calorias 200, Gordura 8,7, Fibra 2,5, Carboidratos 7,9, Proteína 4

Cogumelos alho e milho

Tempo de preparo: 10 minutos
Tempo de cozimento: 20 minutos
Porções: 4

Ingredientes:
- 1 libra de cogumelos porcini, cortados ao meio
- 2 xícaras de milho
- 2 colheres de sopa de azeite
- 4 dentes de alho, picados
- 1 xícara de tomate em conserva, sem sal, picado
- Uma pitada de pimenta preta
- ½ colher de chá de pimenta em pó

Instruções:
1. Aqueça uma panela com azeite em fogo médio, acrescente os cogumelos, o alho e o milho, mexa e refogue por 10 minutos.
2. Adicione o restante dos ingredientes, misture, cozinhe em fogo médio por mais 10 minutos, divida em pratos e sirva.

Nutrição: Calorias 285, Gordura 13, Fibra 2.2, Carboidratos 14.6, Proteína 6.7.

pesto de feijão verde

Tempo de preparo: 10 minutos
Tempo de cozimento: 15 minutos
Porções: 4

Ingredientes:
- 2 colheres de pesto de manjericão
- 2 colheres de chá de páprica
- 1 libra de feijão verde, aparado e cortado ao meio
- 1 suco de limão
- 2 colheres de sopa de azeite
- 1 cebola roxa, fatiada
- Uma pitada de pimenta preta

Instruções:
1. Aqueça uma panela com óleo em fogo médio, acrescente a cebola, mexa e frite por 5 minutos.
2. Junte o feijão e os demais ingredientes, mexa, cozinhe em fogo médio por 10 minutos, divida em pratos e sirva.

Nutrição: Calorias 280, Gordura 10, Fibra 7,6, Carboidratos 13,9, Proteína 4,7

tomate estragão

Tempo de preparo: 5 minutos
Tempo de cozimento: 0 minutos
Porções: 4

Ingredientes:
- 1 e ½ colheres de sopa de azeite
- 1 libra de tomates, fatiados
- 1 colher de sopa de suco de limão
- 1 colher de sopa de raspas de limão, ralado
- 2 colheres de sopa de estragão, picado
- Uma pitada de pimenta preta

Instruções:
1. Em uma tigela, misture os tomates com os demais ingredientes, misture e sirva como salada.

Nutrição: calorias 170, gordura 4, fibra 2,1, carboidratos 11,8, proteína 6

Beterraba Amêndoa

Tempo de preparo: 10 minutos
Tempo de cozimento: 30 minutos
Porções: 4

Ingredientes:
- 4 beterrabas, descascadas e cortadas
- 3 colheres de sopa de azeite
- 2 colheres de sopa de amêndoas, picadas
- 2 colheres de vinagre balsâmico
- Uma pitada de pimenta preta
- 2 colheres de sopa de salsa, picada

Instruções:
1. Misture a beterraba com óleo e outros ingredientes em uma assadeira, misture, leve ao forno e asse a 400 graus por 30 minutos.
2. Divida a mistura entre os pratos e sirva.

Nutrição: calorias 230, gordura 11, fibra 4,2, carboidratos 7,3, proteína 3,6

Tomate menta e milho

Tempo de preparo: 5 minutos
Tempo de cozimento: 0 minutos
Porções: 4

Ingredientes:
- 2 colheres de sopa de hortelã, picada
- 1 libra de tomates, fatiados
- 2 xícaras de milho
- 2 colheres de sopa de azeite
- 1 colher de sopa de vinagre de alecrim
- Uma pitada de pimenta preta

Instruções:
1. Em uma saladeira, misture o tomate com o milho e os demais ingredientes, misture e sirva.

Aproveitar!

Nutrição: Calorias 230, Gordura 7,2, Fibra 2, Carboidratos 11,6, Proteína 4

Molho de abobrinha e abacate

Tempo de preparo: 5 minutos
Tempo de cozimento: 10 minutos
Porções: 4

Ingredientes:
- 2 colheres de sopa de azeite
- 2 abobrinhas, em cubos
- 1 abacate, descascado, sem caroço e picado
- 2 tomates, em cubos
- 1 pepino, em cubos
- 1 cebola amarela, picada
- 2 colheres de sopa de suco de limão fresco
- 2 colheres de sopa de coentro, picado

Instruções:
1. Aqueça uma frigideira com óleo em fogo médio, acrescente a cebola e a abobrinha, mexa e cozinhe por 5 minutos.
2. Adicione o restante dos ingredientes, misture, cozinhe por mais 5 minutos, divida em pratos e sirva.

Nutrição: calorias 290, gordura 11,2, fibra 6,1, carboidratos 14,7, proteína 5,6

Mix de maçã e repolho

Tempo de preparo: 5 minutos
Tempo de cozimento: 0 minutos
Porções: 4

Ingredientes:
- 2 maçãs verdes sem caroço e cortadas em cubos
- 1 cabeça de repolho roxo, picado
- 2 colheres de vinagre balsâmico
- ½ colher de chá de cominhos
- 2 colheres de sopa de azeite
- Pimenta preta a gosto

Instruções:
1. Em uma tigela, misture o repolho com as maçãs e demais ingredientes, misture e sirva como salada.

Nutrição: Calorias 165, Gordura 7,4, Fibra 7,3, Carboidratos 26, Proteína 2,6

Beterraba assada

Tempo de preparo: 10 minutos
Tempo de cozimento: 30 minutos
Porções: 4

Ingredientes:
- 4 beterrabas, descascadas e cortadas
- 2 colheres de sopa de azeite
- 2 dentes de alho, picados
- Uma pitada de pimenta preta
- ¼ xícara de salsa, picada
- ¼ xícara de nozes, picadas

Instruções:
1. Misture as beterrabas com o óleo e os demais ingredientes em uma assadeira, misture bem, leve ao forno a 420 graus F, asse por 30 minutos, divida entre os pratos e sirva como acompanhamento.

Nutrição: Calorias 156, Gordura 11,8, Fibra 2,7, Carboidratos 11,5, Proteína 3,8

repolho dill

Tempo de preparo: 10 minutos
Tempo de cozimento: 15 minutos
Porções: 4

Ingredientes:
- 1 libra de repolho verde, picado
- 1 cebola amarela, picada
- 1 tomate, em cubos
- 1 colher de sopa de endro, picado
- Uma pitada de pimenta preta
- 1 colher de sopa de azeite

Instruções:
1. Aqueça uma panela com óleo em fogo médio, acrescente a cebola e frite por 5 minutos.
2. Junte a couve e os demais ingredientes, misture, cozinhe em fogo médio por 10 minutos, divida em pratos e sirva.

Nutrição: Calorias 74, Gordura 3,7, Fibra 3,7, Carboidratos 10,2, Proteína 2,1

Salada de repolho e cenoura

Tempo de preparo: 5 minutos
Tempo de cozimento: 0 minutos
Porções: 4

Ingredientes:
- 2 chalotas picadas
- 2 cenouras, raladas
- 1 cabeça grande de repolho roxo, desfiado
- 1 colher de sopa de azeite
- 1 colher de sopa de vinagre vermelho
- Uma pitada de pimenta preta
- 1 colher de sopa de suco de limão

Instruções:
1. Misture a couve com as chalotas e outros ingredientes em uma tigela, misture e sirva como salada.

Nutrição: Calorias 106, Gordura 3,8, Fibra 6,5, Carboidratos 18, Proteína 3,3

Molho de tomate e azeitona

Tempo de preparo: 10 minutos
Tempo de cozimento: 0 minutos
Porções: 6

Ingredientes:
- 1 libra de tomates cereja, cortados ao meio
- 2 colheres de sopa de azeite
- 1 xícara de azeitonas kalamata, sem caroço e cortadas ao meio
- Uma pitada de pimenta preta
- 1 cebola roxa, picada
- 1 colher de sopa de vinagre balsâmico
- ¼ xícara de coentro, picado

Instruções:
1. Misture os tomates com azeitonas e outros ingredientes em uma tigela, misture e sirva como salada.

Nutrição: calorias 131, gordura 10,9, fibra 3,1, carboidratos 9,2, proteína 1,6

salada de abobrinha

Tempo de preparo: 4 minutos
Tempo de cozimento: 0 minutos
Porções: 4

Ingredientes:
- 2 abobrinhas fatiadas com um espiralizador
- 1 cebola roxa, fatiada
- 1 colher de pesto de manjericão
- 1 colher de sopa de suco de limão
- 1 colher de sopa de azeite
- ½ xícara de coentro, picado
- Pimenta preta a gosto

Instruções:
1. Em uma saladeira, misture a abobrinha com a cebola e os demais ingredientes, misture e sirva.

Nutrição: Calorias 58, Gordura 3,8, Fibra 1,8, Carboidratos 6, Proteína 1,6

Salada de cenoura ao curry

Tempo de preparo: 4 minutos
Tempo de cozimento: 0 minutos
Porções: 4

Ingredientes:
- 1 libra de cenouras, descascadas e raladas grosseiramente
- 2 colheres de óleo de abacate
- 2 colheres de sopa de suco de limão
- 3 colheres de sopa de sementes de gergelim
- ½ colher de chá de caril em pó
- 1 colher de chá de alecrim, seco
- ½ colher de chá de cominho, moído

Instruções:
1. Misture as cenouras com óleo, suco de limão e outros ingredientes em uma tigela, misture e sirva frio como acompanhamento.

Nutrição: Calorias 99, Gordura 4,4, Fibra 4,2, Carboidratos 13,7, Proteína 2,4

Salada de Alface e Beterraba

Tempo de preparo: 5 minutos
Tempo de cozimento: 0 minutos
Porções: 4

Ingredientes:
- 1 colher de sopa de gengibre, ralado
- 2 dentes de alho, picados
- 4 xícaras de alface romana, rasgada
- 1 beterraba, descascada e ralada
- 2 cebolas verdes, picadas
- 1 colher de sopa de vinagre balsâmico
- 1 colher de sopa de sementes de sésamo

Instruções:
1. Em uma tigela, misture a salada com o gengibre, alho e outros ingredientes, misture e sirva como acompanhamento.

Nutrição: Calorias 42, Gordura 1,4, Fibra 1,5, Carboidratos 6,7, Proteína 1,4

rabanetes de ervas

Tempo de preparo: 5 minutos
Tempo de cozimento: 0 minutos
Porções: 4

Ingredientes:
- 1 libra de rabanetes vermelhos, grosseiramente picados
- 1 colher de sopa de alho, picado
- 1 colher de sopa de salsa, picada
- 1 colher de sopa de orégano, picado
- 2 colheres de sopa de azeite
- 1 colher de sopa de suco de limão
- Pimenta preta a gosto

Instruções:
1. Em uma saladeira, misture os rabanetes com a cebolinha e outros ingredientes, misture e sirva.

Nutrição: Calorias 85, Gordura 7,3, Fibra 2,4, Carboidratos 5,6, Proteína 1

Mistura de erva-doce assada

Tempo de preparo: 5 minutos
Tempo de cozimento: 20 minutos
Porções: 4

Ingredientes:
- 2 bulbos de erva-doce picados
- 1 colher de chá de páprica doce
- 1 cebola roxa pequena, picada
- 2 colheres de sopa de azeite
- 2 colheres de sopa de suco de limão
- 2 colheres de sopa de endro, picado
- Pimenta preta a gosto

Instruções:
1. Em uma panela, misture a erva-doce com páprica e outros ingredientes, misture e leve ao forno a 380 graus F por 20 minutos.
2. Divida a mistura entre os pratos e sirva.

Nutrição: Calorias 114, Gordura 7,4, Fibra 4,5, Carboidratos 13,2, Proteína 2,1

Pimentos assados

Tempo de preparo: 10 minutos
Tempo de cozimento: 30 minutos
Porções: 4

Ingredientes:
- 1 libra de pimentão misto, fatiado
- 1 cebola roxa, em fatias finas
- 2 colheres de sopa de azeite
- Pimenta preta a gosto
- 1 colher de sopa de orégano, picado
- 2 colheres de sopa de folhas de hortelã, picadas

Instruções:
1. Combine pimentões com cebola e outros ingredientes em uma frigideira, misture e asse a 380 graus F por 30 minutos.
2. Divida a mistura entre os pratos e sirva.

Nutrição: calorias 240, gordura 8,2, fibra 4,2, carboidratos 11,3, proteína 5,6

Ensopado de Tâmaras e Couve

Tempo de preparo: 5 minutos
Tempo de cozimento: 15 minutos
Porções: 4

Ingredientes:
- 1 libra de repolho roxo, picado
- 8 tâmaras sem caroço e fatiadas
- 2 colheres de sopa de azeite
- ¼ xícara de caldo de legumes com baixo teor de sódio
- 2 colheres de sopa de alho, picado
- 2 colheres de sopa de suco de limão
- Pimenta preta a gosto

Instruções:
1. Aqueça uma panela com óleo em fogo médio, acrescente o repolho e as tâmaras, mexa e cozinhe por 4 minutos.
2. Despeje o caldo e os demais ingredientes, misture, cozinhe em fogo médio por mais 11 minutos, divida em pratos e sirva.

Nutrição: Calorias 280, Gordura 8.1, Fibra 4.1, Carboidratos 8.7, Proteína 6.3

mistura de feijão preto

Tempo de preparo: 4 minutos
Tempo de cozimento: 0 minutos
Porções: 4

Ingredientes:
- 3 xícaras de feijão preto enlatado, sem sal, escorrido e enxaguado
- 1 xícara de tomate cereja, cortados ao meio
- 2 chalotas picadas
- 3 colheres de sopa de azeite
- 1 colher de sopa de vinagre balsâmico
- Pimenta preta a gosto
- 1 colher de sopa de alho, picado

Instruções:
1. Misture o feijão com o tomate e os demais ingredientes em uma tigela, misture e sirva frio como acompanhamento.

Nutrição: calorias 310, gordura 11,0, fibra 5,3, carboidratos 19,6, proteína 6,8

Uma mistura de azeitonas e endívias

Tempo de preparo: 4 minutos
Tempo de cozimento: 0 minutos
Porções: 4

Ingredientes:
- 2 cebolinhas picadas
- 2 endívias picadas
- 1 xícara de azeitonas pretas sem caroço e fatiadas
- ½ xícara de azeitonas kalamata, sem caroço e fatiadas
- ¼ xícara de vinagre de maçã
- 2 colheres de sopa de azeite
- 1 colher de sopa de coentro, picado

Instruções:
1. Misture as endívias com as azeitonas e outros ingredientes em uma tigela, misture e sirva.

Nutrição: calorias 230, gordura 9,1, fibra 6,3, carboidratos 14,6, proteína 7,2

Salada de tomate e pepino

Tempo de preparo: 5 minutos
Tempo de cozimento: 0 minutos
Porções: 4

Ingredientes:
- ½ quilo de tomate, em cubos
- 2 pepinos, fatiados
- 1 colher de sopa de azeite
- 2 cebolinhas picadas
- Pimenta preta a gosto
- Sumo de 1 lima
- ½ xícara de manjericão, picado

Instruções:
1. Em uma saladeira, misture os tomates com os pepinos e outros ingredientes, misture e sirva frio.

Nutrição: Calorias 224, Gordura 11,2, Fibra 5,1, Carboidratos 8,9, Proteína 6,2

Salada de pimenta e cenoura

Tempo de preparo: 5 minutos
Tempo de cozimento: 0 minutos
Porções: 4

Ingredientes:
- 1 xícara de tomate cereja, cortados ao meio
- 1 pimentão amarelo, picado
- 1 pimenta vermelha, picada
- 1 pimentão verde, picado
- ½ quilo de cenoura, ralada
- 3 colheres de sopa de vinagre de vinho tinto
- 2 colheres de sopa de azeite
- 1 colher de sopa de coentro, picado
- Pimenta preta a gosto

Instruções:
1. Em uma saladeira, misture os tomates com pimentão, cenoura e outros ingredientes, misture e sirva como salada.

Nutrição: Calorias 123, Gordura 4, Fibra 8,4, Carboidratos 14,4, Proteína 1,1

Uma mistura de feijão preto e arroz

Tempo de preparo: 10 minutos
Tempo de cozimento: 30 minutos
Porções: 4

Ingredientes:
- 2 colheres de sopa de azeite
- 1 cebola amarela, picada
- 1 xícara de feijão preto enlatado, sem sal, escorrido e enxaguado
- 2 xícaras de arroz preto
- 4 xícaras de caldo de galinha com baixo teor de sódio
- 2 colheres de sopa de tomilho, picado
- ½ casca de limão, ralada
- Uma pitada de pimenta preta

Instruções:
1. Aqueça uma panela com azeite em fogo médio, acrescente a cebola, mexa e refogue por 4 minutos.
2. Acrescente o feijão, o arroz e os demais ingredientes, mexa, deixe ferver e cozinhe em fogo médio por 25 minutos.
3. Mexa a mistura, divida pelos pratos e sirva.

Nutrição: Calorias 290, Gordura 15,3, Fibra 6,2, Carboidratos 14,6, Proteína 8

Uma mistura de arroz e couve-flor

Tempo de preparo: 10 minutos
Tempo de cozimento: 25 minutos
Porções: 4

Ingredientes:
- 1 xícara de floretes de couve-flor
- 1 xícara de arroz branco
- 2 xícaras de caldo de galinha com baixo teor de sódio
- 1 colher de sopa de óleo de abacate
- 2 chalotas picadas
- ¼ xícara de cranberries
- ½ xícara de amêndoas, fatiadas

Instruções:
1. Aqueça uma panela com azeite em fogo médio, acrescente as chalotas, mexa e refogue por 5 minutos.
2. Adicione a couve-flor, o arroz e os demais ingredientes, mexa, deixe ferver e cozinhe em fogo médio por 20 minutos.
3. Divida a mistura entre os pratos e sirva.

Nutrição: Calorias 290, Gordura 15,1, Fibra 5,6, Carboidratos 7, Proteína 4,5

mistura de feijão balsâmico

Tempo de preparo: 10 minutos
Tempo de cozimento: 0 minutos
Porções: 4

Ingredientes:
- 2 xícaras de feijão preto enlatado, sem sal, escorrido e enxaguado
- 2 xícaras de feijão branco enlatado, sem sal, escorrido e enxaguado
- 2 colheres de vinagre balsâmico
- 2 colheres de sopa de azeite
- 1 colher de chá de orégano, seco
- 1 colher de chá de manjericão, seco
- 1 colher de sopa de alho, picado

Instruções:
1. Numa saladeira, regue o feijão com o vinagre e os demais ingredientes, misture e sirva como salada.

Nutrição: Calorias 322, Gordura 15,1, Fibra 10, Carboidratos 22,0, Proteína 7

Beterraba cremosa

Tempo de preparo: 5 minutos
Tempo de cozimento: 20 minutos
Porções: 4

Ingredientes:
- 1 libra de beterraba, descascada e cortada em cubos
- 1 cebola roxa, picada
- 1 colher de sopa de azeite
- ½ xícara de creme de coco
- 4 colheres de sopa de iogurte magro
- 1 colher de sopa de alho, picado

Instruções:
1. Aqueça uma panela com azeite em fogo médio, acrescente a cebola, mexa e refogue por 4 minutos.
2. Adicione a beterraba, o creme de leite e os demais ingredientes, misture, cozinhe em fogo médio por mais 15 minutos, divida em pratos e sirva.

Nutrição: calorias 250, gordura 13,4, fibra 3, carboidratos 13,3, proteína 6,4

Mix de abacate e pimenta

Tempo de preparo: 10 minutos
Tempo de cozimento: 14 minutos
Porções: 4

Ingredientes:
- 1 colher de sopa de óleo de abacate
- 1 colher de chá de páprica doce
- 1 libra de pimentão misto, cortado em tiras
- 1 abacate, descascado, sem caroço e cortado ao meio
- 1 colher de chá de alho em pó
- 1 colher de chá de alecrim, seco
- ½ xícara de caldo de legumes com baixo teor de sódio
- Pimenta preta a gosto

Instruções:
1. Aqueça uma panela com azeite em fogo médio, acrescente todos os pimentões, misture e refogue por 5 minutos.
2. Adicione o restante dos ingredientes, misture, cozinhe por mais 9 minutos em fogo médio, divida em pratos e sirva.

Nutrição: Calorias 245, Gordura 13,8, Fibra 5, Carboidratos 22,5, Proteína 5,4

Batata doce assada e beterraba

Tempo de preparo: 10 minutos
Tempo de cozimento: 1 hora
Porções: 4

Ingredientes:
- 3 colheres de sopa de azeite
- 2 batatas doces descascadas e cortadas em rodelas
- 2 beterrabas, descascadas e fatiadas
- 1 colher de sopa de orégano, picado
- 1 colher de sopa de suco de limão
- Pimenta preta a gosto

Instruções:
1. Disponha as batatas-doces e as beterrabas em uma assadeira forrada, adicione os ingredientes restantes, misture, leve ao forno e asse a 375 graus F por 1 hora.
2. Divida entre os pratos e sirva como acompanhamento.

Nutrição: calorias 240, gordura 11,2, fibra 4, carboidratos 8,6, proteína 12,1

couve refogada

Tempo de preparo: 10 minutos
Tempo de cozimento: 15 minutos
Porções: 4

Ingredientes:
- 2 colheres de sopa de azeite
- 3 colheres de sopa de aminoácidos de coco
- 1 libra de couve, rasgada
- 1 cebola roxa, picada
- 2 dentes de alho, picados
- 1 colher de sopa de suco de limão
- 1 colher de sopa de coentro, picado

Instruções:
1. Aqueça uma panela com azeite em fogo médio, acrescente a cebola e o alho e frite por 5 minutos.
2. Junte a couve e os demais ingredientes, mexa, cozinhe em fogo médio por 10 minutos, divida pelos pratos e sirva.

Nutrição: Calorias 200, Gordura 7,1, Fibra 2, Carboidratos 6,4, Proteína 6

Cenouras temperadas

Tempo de preparo: 10 minutos
Tempo de cozimento: 20 minutos
Porções: 4

Ingredientes:
- 1 colher de sopa de suco de limão
- 1 colher de sopa de azeite
- ½ colher de chá de pimenta da Jamaica moída
- ½ colher de chá de cominho, moído
- ½ colher de chá de noz-moscada, moída
- 1 libra de cenouras baby, aparadas
- 1 colher de sopa de alecrim, picado
- Pimenta preta a gosto

Instruções:
1. Misture as cenouras com suco de limão, óleo e outros ingredientes em uma panela, misture, coloque no forno e asse a 400 graus F por 20 minutos.
2. Divida entre os pratos e sirva.

Nutrição: calorias 260, gordura 11,2, fibra 4,5, carboidratos 8,3, proteína 4,3

alcachofras de limão

Tempo de preparo: 10 minutos
Tempo de cozimento: 20 minutos
Porções: 4

Ingredientes:
- 2 colheres de sopa de suco de limão
- 4 alcachofras, aparadas e cortadas ao meio
- 1 colher de sopa de endro, picado
- 2 colheres de sopa de azeite
- Uma pitada de pimenta preta

Instruções:
1. Misture as alcachofras com suco de limão e outros ingredientes em uma frigideira, misture delicadamente e asse a 400 graus F por 20 minutos. Divida entre os pratos e sirva.

Nutrição: Calorias 140, Gordura 7,3, Fibra 8,9, Carboidratos 17,7, Proteína 5,5

Brócolis, feijão e arroz

Tempo de preparo: 10 minutos
Tempo de cozimento: 30 minutos
Porções: 4

Ingredientes:
- 1 xícara de floretes de brócolis picados
- 1 xícara de feijão preto enlatado, sem sal, escorrido
- 1 xícara de arroz branco
- 2 xícaras de caldo de galinha com baixo teor de sódio
- 2 colheres de chá de páprica
- Pimenta preta a gosto

Instruções:
1. Despeje o caldo em uma panela, leve ao fogo médio, acrescente o arroz e os demais ingredientes, mexa, leve ao fogo e cozinhe por 30 minutos, mexendo de vez em quando.
2. Divida a mistura entre os pratos e sirva como acompanhamento.

Nutrição: Calorias 347, Gordura 1,2, Fibra 9, Carboidratos 69,3, Proteína 15,1

Mistura de Abóbora Assada

Tempo de preparo: 10 minutos
Tempo de cozimento: 45 minutos
Porções: 4

Ingredientes:
- 2 colheres de sopa de azeite
- 2 libras de abóbora, descascadas e fatiadas
- 1 colher de sopa de suco de limão
- 1 colher de chá de pimenta em pó
- 1 colher de chá de alho em pó
- 2 colheres de chá de coentro, picado
- Uma pitada de pimenta preta

instruções
1. Misture a abóbora com óleo e outros ingredientes em uma panela, misture delicadamente, asse em forno a 400 graus F por 45 minutos, divida entre os pratos e sirva como acompanhamento.

Nutrição: Calorias 167, Gordura 7,4, Fibra 4,9, Carboidratos 27,5, Proteína 2,5

espargos cremosos

Tempo de preparo: 5 minutos
Tempo de cozimento: 20 minutos
Porções: 4

Ingredientes:
- ½ colher de chá de noz-moscada, moída
- 1 libra de aspargos, aparados e cortados ao meio
- 1 xícara de creme de coco
- 1 cebola amarela, picada
- 2 colheres de sopa de azeite
- 1 colher de sopa de suco de limão
- 1 colher de sopa de coentro, picado

Instruções:
1. Aqueça uma panela com azeite em fogo médio, acrescente a cebola e a noz-moscada, mexa e refogue por 5 minutos.
2. Adicione os aspargos e outros ingredientes, mexa, deixe ferver e cozinhe em fogo médio por 15 minutos.
3. Divida entre os pratos e sirva.

Nutrição: Calorias 236, Gordura 21,6, Fibra 4,4, Carboidratos 11,4, Proteína 4,2

Mistura de nabo de manjericão

Tempo de preparo: 10 minutos
Tempo de cozimento: 15 minutos
Porções: 4

Ingredientes:
- 1 colher de sopa de óleo de abacate
- 4 nabos, fatiados
- ¼ xícara de manjericão, picado
- Pimenta preta a gosto
- ¼ xícara de caldo de legumes com baixo teor de sódio
- ½ xícara de nozes, picadas
- 2 dentes de alho, picados

Instruções:
1. Aqueça uma frigideira com azeite em lume médio, junte os alhos e os nabos e frite durante 5 minutos.
2. Adicione o restante dos ingredientes, misture, cozinhe por mais 10 minutos, divida em pratos e sirva.

Nutrição: Calorias 140, Gordura 9,7, Fibra 3,3, Carboidratos 10,5, Proteína 5

Uma mistura de arroz e alcaparras

Tempo de preparo: 10 minutos
Tempo de cozimento: 20 minutos
Porções: 4

Ingredientes:
- 1 xícara de arroz branco
- 1 colher de sopa de alcaparras, picadas
- 2 xícaras de caldo de galinha com baixo teor de sódio
- 1 cebola roxa, picada
- 1 colher de sopa de óleo de abacate
- 1 colher de sopa de coentro, picado
- 1 colher de chá de páprica doce

Instruções:
1. Aqueça uma panela com óleo em fogo médio, acrescente a cebola, mexa e frite por 5 minutos.
2. Junte o arroz, as alcaparras e os demais ingredientes, mexa, deixe ferver e cozinhe por 15 minutos.
3. Divida a mistura entre os pratos e sirva como acompanhamento.

Nutrição: Calorias 189, Gordura 0,9, Fibra 1,6, Carboidratos 40,2, Proteína 4,3

Uma mistura de espinafre e repolho

Tempo de preparo: 5 minutos
Tempo de cozimento: 15 minutos
Porções: 4

Ingredientes:
- 2 xícaras de espinafre baby
- 5 xícaras de repolho, picado
- 2 chalotas picadas
- 2 dentes de alho, picados
- 1 xícara de tomate em conserva, sem sal, picado
- 1 colher de sopa de azeite

Instruções:
1. Aqueça uma panela com azeite em fogo médio, acrescente as chalotas, mexa e refogue por 5 minutos.
2. Junte o espinafre, a couve e os demais ingredientes, mexa, cozinhe por mais 10 minutos, divida em pratos e sirva como acompanhamento.

Nutrição: Calorias 89, Gordura 3,7, Fibra 2,2, Carboidratos 12,4, Proteína 3,6

Mix de camarão e abacaxi

Tempo de preparo: 10 minutos
Tempo de cozimento: 10 minutos
Porções: 4

Ingredientes:
- 1 colher de sopa de azeite
- 1 libra de camarão, descascado e eviscerado
- 1 xícara de abacaxi descascado e picado
- 1 suco de limão
- Um ramo de salsa, picada

Instruções:
1. Aqueça uma frigideira com óleo em fogo médio, adicione os camarões e cozinhe por 3 minutos de cada lado.
2. Adicione o restante dos ingredientes, cozinhe por mais 4 minutos, divida em tigelas e sirva.

Nutrição: Calorias 254, Gordura 13,3, Fibra 6, Carboidratos 14,9, Proteína 11

Salmão e azeitonas verdes

Tempo de preparo: 10 minutos
Tempo de cozimento: 20 minutos
Porções: 4

Ingredientes:
- 1 cebola amarela, picada
- 1 xícara de azeitonas verdes, sem caroço e cortadas ao meio
- 1 colher de chá de pimenta em pó
- Pimenta preta a gosto
- 2 colheres de sopa de azeite
- ¼ xícara de caldo de legumes com baixo teor de sódio
- 4 filés de salmão sem pele e sem osso
- 2 colheres de sopa de alho, picado

Instruções:
1. Aqueça uma panela com óleo em fogo médio, acrescente a cebola e frite por 3 minutos.
2. Adicione o salmão e cozinhe por 5 minutos de cada lado. Adicione o restante dos ingredientes, cozinhe por mais 5 minutos, divida em pratos e sirva.

Nutrição: calorias 221, gordura 12,1, fibra 5,4, carboidratos 8,5, proteína 11,2

Salmão e Funcho

Tempo de preparo: 5 minutos
Tempo de cozimento: 15 minutos
Porções: 4

Ingredientes:
- 4 filés médios de salmão, sem pele e sem osso
- 1 bulbo de funcho, picado
- ½ xícara de caldo de legumes com baixo teor de sódio
- 2 colheres de sopa de azeite
- Pimenta preta a gosto
- ¼ xícara de caldo de legumes com baixo teor de sódio
- 1 colher de sopa de suco de limão
- 1 colher de sopa de coentro, picado

Instruções:
1. Aqueça uma frigideira com azeite em fogo médio, acrescente o funcho e refogue por 3 minutos.
2. Adicione o peixe e cozinhe por 4 minutos de cada lado.
3. Adicione o restante dos ingredientes, cozinhe tudo por mais 4 minutos, distribua nos pratos e sirva.

Nutrição: Calorias 252, Gordura 9,3, Fibra 4,2, Carboidratos 12,3, Proteína 9

bacalhau e espargos

Tempo de preparo: 10 minutos
Tempo de cozimento: 14 minutos
Porções: 4

Ingredientes:
- 1 colher de sopa de azeite
- 1 cebola roxa, picada
- 1 libra de filés de bacalhau, sem osso
- 1 maço de aspargos, aparados
- Pimenta preta a gosto
- 1 xícara de creme de coco
- 1 colher de sopa de alho, picado

Instruções:
1. Aqueça uma frigideira com azeite em lume médio, junte a cebola e o bacalhau e refogue 3 minutos de cada lado.
2. Adicione o restante dos ingredientes, cozinhe tudo por mais 8 minutos, distribua nos pratos e sirva.

Nutrição: Calorias 254, Gordura 12,1, Fibra 5,4, Carboidratos 4,2, Proteína 13,5

camarão apimentado

Tempo de preparo: 5 minutos
Tempo de cozimento: 8 minutos
Porções: 4

Ingredientes:
- 1 colher de chá de alho em pó
- 1 colher de chá de páprica defumada
- 1 colher de chá de cominho, moído
- 1 colher de chá de pimenta da Jamaica moída
- 2 colheres de sopa de azeite
- 2 quilos de camarão, descascado e eviscerado
- 1 colher de sopa de alho, picado

Instruções:
1. Aqueça uma frigideira com azeite em fogo médio, acrescente os camarões, o alho poró e os demais ingredientes, refogue por 4 minutos de cada lado, divida em tigelas e sirva.

Nutrição: Calorias 212, Gordura 9,6, Fibra 5,3, Carboidratos 12,7, Proteína 15,4

Robalo e tomate

Tempo de preparo: 10 minutos
Tempo de cozimento: 30 minutos
Porções: 4

Ingredientes:
- 2 colheres de sopa de azeite
- 2 quilos de filés de robalo sem pele e sem osso
- Pimenta preta a gosto
- 2 xícaras de tomate cereja, cortados ao meio
- 1 colher de sopa de alho, picado
- 1 colher de sopa de casca de limão, ralada
- ¼ xícara de suco de limão

Instruções:
1. Unte uma assadeira com óleo e coloque o peixe dentro.
2. Adicione os tomates e outros ingredientes, coloque a panela no forno e asse a 380 graus F por 30 minutos.
3. Divida tudo entre os pratos e sirva.

Nutrição: Calorias 272, Gordura 6,9, Fibra 6,2, Carboidratos 18,4, Proteína 9

camarão e feijão

Tempo de preparo: 10 minutos
Tempo de cozimento: 12 minutos
Porções: 4

Ingredientes:
- 1 libra de camarão, descascado e eviscerado
- 1 colher de sopa de azeite
- Sumo de 1 lima
- 1 xícara de feijão preto enlatado, sem sal, escorrido
- 1 chalota picada
- 1 colher de sopa de orégano, picado
- 2 dentes de alho, picados
- Pimenta preta a gosto

Instruções:
1. Aqueça uma panela com azeite em fogo médio, acrescente as chalotas e o alho, mexa e refogue por 3 minutos.
2. Adicione o camarão e cozinhe por 2 minutos de cada lado.
3. Junte o feijão e os demais ingredientes, cozinhe tudo em fogo médio por mais 5 minutos, divida em tigelas e sirva.

Nutrição: calorias 253, gordura 11,6, fibra 6, carboidratos 14,5, proteína 13,5

Mix de camarão e rábano

Tempo de preparo: 5 minutos
Tempo de cozimento: 8 minutos
Porções: 4

Ingredientes:
- 1 libra de camarão, descascado e eviscerado
- 2 chalotas picadas
- 1 colher de sopa de azeite
- 1 colher de sopa de alho, picado
- 2 colheres de chá de rábano preparado
- ¼ xícara de creme de coco
- Pimenta preta a gosto

Instruções:
4 Aqueça uma frigideira com azeite em fogo médio, acrescente as chalotas e a raiz-forte, mexa e refogue por 2 minutos.
5 Junte os camarões e demais ingredientes, mexa, cozinhe por mais 6 minutos, divida em pratos e sirva.

Nutrição: Calorias 233, Gordura 6, Fibra 5, Carboidratos 11,9, Proteína 5,4

Salada de camarão e estragão

Tempo de preparo: 4 minutos
Tempo de cozimento: 0 minutos
Porções: 4

Ingredientes:
- 1 libra de camarão, cozido, descascado e eviscerado
- 1 colher de sopa de estragão, picado
- 1 colher de sopa de alcaparras, escorridas
- 2 colheres de sopa de azeite
- Pimenta preta a gosto
- 2 xícaras de espinafre baby
- 1 colher de sopa de vinagre balsâmico
- 1 cebola roxa pequena, picada
- 2 colheres de sopa de suco de limão

Instruções:
4 Misture os camarões com o estragão e os demais ingredientes em uma tigela, mexa e sirva.

Nutrição: Calorias 258, Gordura 12,4, Fibra 6, Carboidratos 6,7, Proteína 13,3

bacalhau à parmegiana

Tempo de preparo: 10 minutos
Tempo de cozimento: 20 minutos
Porções: 4

Ingredientes:
- 4 filés de bacalhau sem osso
- ½ xícara de queijo parmesão com baixo teor de gordura, ralado
- 3 dentes de alho, picados
- 1 colher de sopa de azeite
- 1 colher de sopa de suco de limão
- ½ xícara de cebolinha verde, picada

Instruções:
1. Aqueça uma panela com azeite em fogo médio, acrescente o alho e a cebolinha, misture e refogue por 5 minutos.
2. Adicione o peixe e cozinhe por 4 minutos de cada lado.
3. Despeje o suco de limão, polvilhe o parmesão por cima, cozinhe tudo por mais 2 minutos, divida em pratos e sirva.

Nutrição: Calorias 275, Gordura 22,1, Fibra 5, Carboidratos 18,2, Proteína 12

Mix de Tilápia e Cebola Roxa

Tempo de preparo: 10 minutos
Tempo de cozimento: 15 minutos
Porções: 4

Ingredientes:
- 4 filés de tilápia sem osso
- 2 colheres de sopa de azeite
- 1 colher de sopa de suco de limão
- 2 colheres de chá de raspas de limão, raladas
- 2 cebolas roxas, picadas grosseiramente
- 3 colheres de sopa de alho, picado

Instruções:
1. Aqueça uma panela com azeite em fogo médio, acrescente a cebola, a casca e o suco de limão, mexa e refogue por 5 minutos.
2. Adicione o peixe e a cebolinha, cozinhe por 5 minutos de cada lado, divida entre os pratos e sirva.

Nutrição: Calorias 254, Gordura 18,2, Fibra 5,4, Carboidratos 11,7, Proteína 4,5

salada de truta

Tempo de preparo: 6 minutos
Tempo de cozimento: 0 minutos
Porções: 4

Ingredientes:
- 4 onças de truta defumada, sem pele, sem osso e em cubos
- 1 colher de sopa de suco de limão
- 1/3 xícara de iogurte desnatado
- 2 abacates, descascados, sem caroço e picados
- 3 colheres de sopa de alho, picado
- Pimenta preta a gosto
- 1 colher de sopa de azeite

Instruções:
1. Em uma tigela, misture a truta com os abacates e outros ingredientes, misture e sirva.

Nutrição: Calorias 244, Gordura 9,45, Fibra 5,6, Carboidratos 8,5, Proteína 15

truta balsâmica

Tempo de preparo: 5 minutos
Tempo de cozimento: 15 minutos
Porções: 4

Ingredientes:
- 3 colheres de vinagre balsâmico
- 2 colheres de sopa de azeite
- 4 filés de truta sem osso
- 3 colheres de sopa de salsa, finamente picada
- 2 dentes de alho, picados

Instruções:
1. Aqueça uma frigideira com óleo em fogo médio, adicione a truta e frite por 6 minutos de cada lado.
2. Adicione o restante dos ingredientes, cozinhe por mais 3 minutos, divida em pratos e sirva com salada.

Nutrição: calorias 314, gordura 14,3, fibra 8,2, carboidratos 14,8, proteína 11,2

Salsa Salsa

Tempo de preparo: 5 minutos
Tempo de cozimento: 12 minutos
Porções: 4

Ingredientes:
- 2 cebolinhas picadas
- 2 colheres de chá de suco de limão
- 1 colher de sopa de alho, picado
- 1 colher de sopa de azeite
- 4 filés de salmão sem osso
- Pimenta preta a gosto
- 2 colheres de sopa de salsa, picada

Instruções:
1. Aqueça uma panela com azeite em fogo médio, acrescente a cebola, mexa e refogue por 2 minutos.
2. Adicione o salmão e os demais ingredientes, cozinhe por 5 minutos de cada lado, divida entre os pratos e sirva.

Nutrição: Calorias 290, Gordura 14,4, Fibra 5,6, Carboidratos 15,6, Proteína 9,5

Salada de truta e legumes

Tempo de preparo: 5 minutos
Tempo de cozimento: 0 minutos
Porções: 4

Ingredientes:
- 2 colheres de sopa de azeite
- ½ xícara de azeitonas kalamata, sem caroço e sem caroço
- Pimenta preta a gosto
- 1 libra de truta defumada, sem osso, sem pele e em cubos
- ½ colher de chá de casca de limão, ralada
- 1 colher de sopa de suco de limão
- 1 xícara de tomate cereja, cortados ao meio
- ½ cebola roxa, fatiada
- 2 xícaras de rúcula baby

Instruções:
1. Misture a truta defumada com azeitonas, pimenta-do-reino e outros ingredientes em uma tigela, misture e sirva.

Nutrição: Calorias 282, Gordura 13,4, Fibra 5,3, Carboidratos 11,6, Proteína 5,6

salmão açafrão

Tempo de preparo: 10 minutos
Tempo de cozimento: 12 minutos
Porções: 4

Ingredientes:
- Pimenta preta a gosto
- ½ colher de chá de páprica doce
- 4 filés de salmão sem osso
- 3 colheres de sopa de azeite
- 1 cebola amarela, picada
- 2 dentes de alho, picados
- ¼ colher de chá de açafrão em pó

Instruções:
1. Aqueça uma panela com azeite em fogo médio-alto, acrescente a cebola e o alho, misture e refogue por 2 minutos.
2. Adicione o salmão e os demais ingredientes, cozinhe por 5 minutos de cada lado, divida entre os pratos e sirva.

Nutrição: Calorias 339, Gordura 21,6, Fibra 0,7, Carboidratos 3,2, Proteína 35

Salada de camarão e melancia

Tempo de preparo: 10 minutos
Tempo de cozimento: 0 minutos
Porções: 4

Ingredientes:
- ¼ xícara de manjericão, picado
- 2 xícaras de melancia, descascada e cortada em cubos
- 2 colheres de vinagre balsâmico
- 2 colheres de sopa de azeite
- 1 libra de camarão, descascado, limpo e cozido
- Pimenta preta a gosto
- 1 colher de sopa de salsa, picada

Instruções:
1. Em uma tigela, misture o camarão com a melancia e os demais ingredientes, misture e sirva.

Nutrição: Calorias 220, Gordura 9, Fibra 0,4, Carboidratos 7,6, Proteína 26,4

Salada de Camarão com Orégano e Quinoa

Tempo de preparo: 5 minutos
Tempo de cozimento: 8 minutos
Porções: 4

Ingredientes:
- 1 libra de camarão, descascado e eviscerado
- 1 xícara de quinoa, cozida
- Pimenta preta a gosto
- 1 colher de sopa de azeite
- 1 colher de sopa de orégano, picado
- 1 cebola roxa, picada
- 1 suco de limão

Instruções:
1. Aqueça uma panela com azeite em fogo médio, acrescente a cebola, mexa e refogue por 2 minutos.
2. Adicione o camarão, mexa e cozinhe por 5 minutos.
3. Adicione o restante dos ingredientes, misture, divida tudo em tigelas e sirva.

Nutrição: Calorias 336, Gordura 8,2, Fibra 4,1, Carboidratos 32,3, Proteína 32,3

salada de caranguejo

Tempo de preparo: 10 minutos
Tempo de cozimento: 0 minutos
Porções: 4

Ingredientes:
- 1 colher de sopa de azeite
- 2 xícaras de carne de caranguejo
- Pimenta preta a gosto
- 1 xícara de tomate cereja, cortados ao meio
- 1 chalota picada
- 1 colher de sopa de suco de limão
- 1/3 xícara de coentro, picado

Instruções:
1. Em uma tigela, misture os caranguejos com os tomates e outros ingredientes, misture e sirva.

Nutrição: Calorias 54, Gordura 3,9, Fibra 0,6, Carboidratos 2,6, Proteína 2,3

vieiras balsâmicas

Tempo de preparo: 4 minutos
Tempo de cozimento: 6 minutos
Porções: 4

Ingredientes:
- 12 onças de vieiras
- 2 colheres de sopa de azeite
- 2 dentes de alho, picados
- 1 colher de sopa de vinagre balsâmico
- 1 xícara de cebolinha, picada
- 2 colheres de sopa de coentro, picado

Instruções:
1. Aqueça uma panela com azeite em fogo médio, acrescente a cebola e o alho e refogue por 2 minutos.
2. Adicione as vieiras e outros ingredientes, cozinhe por 2 minutos de cada lado, divida pelos pratos e sirva.

Nutrição: Calorias 146, Gordura 7,7, Fibra 0,7, Carboidratos 4,4, Proteína 14,8

Mistura cremosa de linguado

Tempo de preparo: 10 minutos
Tempo de cozimento: 20 minutos
Porções: 4

Ingredientes:
- 2 colheres de sopa de azeite
- 1 cebola roxa, picada
- Pimenta preta a gosto
- ½ xícara de caldo de legumes com baixo teor de sódio
- 4 filés de linguado, sem osso
- ½ xícara de creme de coco
- 1 colher de sopa de endro, picado

Instruções:
1. Aqueça uma panela com óleo em fogo médio, acrescente a cebola, mexa e frite por 5 minutos.
2. Adicione o peixe e cozinhe por 4 minutos de cada lado.
3. Adicione o restante dos ingredientes, cozinhe por mais 7 minutos, divida pelos pratos e sirva.

Nutrição: Calorias 232, Gordura 12,3, Fibra 4, Carboidratos 8,7, Proteína 12

Mistura picante de salmão e manga

Tempo de preparo: 5 minutos
Tempo de cozimento: 0 minutos
Porções: 4

Ingredientes:
- 1 libra de salmão defumado, sem osso, sem pele e em lascas
- Pimenta preta a gosto
- 1 cebola roxa, picada
- 1 manga, descascada, sem sementes e picada
- 2 pimentas jalapeno picadas
- ¼ xícara de salsa, picada
- 3 colheres de sopa de sumo de lima
- 1 colher de sopa de azeite

Instruções:
2. Misture o salmão com pimenta-do-reino e outros ingredientes em uma tigela, misture e sirva.

Nutrição: Calorias 323, Gordura 14,2, Fibra 4, Carboidratos 8,5, Proteína 20,4

Mix de Camarão Dill

Tempo de preparo: 5 minutos
Tempo de cozimento: 0 minutos
Porções: 4

Ingredientes:
- 2 colheres de chá de suco de limão
- 1 colher de sopa de azeite
- 1 colher de sopa de endro, picado
- 1 libra de camarão, cozido, descascado e eviscerado
- Pimenta preta a gosto
- 1 xícara de rabanetes, em cubos

Instruções:
1. Combine camarão com suco de limão e outros ingredientes em uma tigela, mexa e sirva.

Nutrição: Calorias 292, Gordura 13, Fibra 4,4, Carboidratos 8, Proteína 16,4

patê de salmão

Tempo de preparo: 4 minutos
Tempo de cozimento: 0 minutos
Porções: 6

Ingredientes:

- 6 onças de salmão defumado, desossado, sem pele e desfiado
- 2 colheres de sopa de iogurte magro
- 3 colheres de chá de suco de limão
- 2 cebolinhas picadas
- 8 onças de queijo creme com baixo teor de gordura
- ¼ xícara de coentro, picado

Instruções:

1. Misture o salmão com iogurte e outros ingredientes em uma tigela, bata e sirva frio.

Nutrição: Calorias 272, Gordura 15,2, Fibra 4,3, Carboidratos 16,8, Proteína 9,9

camarão com alcachofra

Tempo de preparo: 4 minutos
Tempo de cozimento: 8 minutos
Porções: 4

Ingredientes:
- 2 cebolas verdes, picadas
- 1 xícara de alcachofras enlatadas, sem sal, escorridas e cortadas em quartos
- 2 colheres de sopa de coentro, picado
- 1 libra de camarão, descascado e eviscerado
- 1 xícara de tomate cereja, em cubos
- 1 colher de sopa de azeite
- 1 colher de sopa de vinagre balsâmico
- Uma pitada de sal e pimenta preta

Instruções:
1. Aqueça uma panela com azeite em fogo médio, acrescente a cebola e as alcachofras, mexa e refogue por 2 minutos.
2. Adicione o camarão, mexa e cozinhe em fogo médio por 6 minutos.
3. Divida tudo em tigelas e sirva.

Nutrição: calorias 260, gordura 8,23, fibra 3,8, carboidratos 14,3, proteína 12,4

Camarão com molho de limão

Tempo de preparo: 5 minutos
Tempo de cozimento: 8 minutos
Porções: 4

Ingredientes:
- 1 libra de camarão, descascado e eviscerado
- 2 colheres de sopa de azeite
- 1 casca de limão, ralada
- Suco de ½ limão
- 1 colher de sopa de alho, picado

Instruções:
1. Aqueça uma frigideira com azeite em lume médio-alto, junte as raspas de limão, o sumo de limão e os coentros, mexa e deixe cozinhar durante 2 minutos.
2. Junte os camarões, cozinhe por mais 6 minutos, divida pelos pratos e sirva.

Nutrição: Calorias 195, Gordura 8,9, Fibra 0, Carboidratos 1,8, Proteína 25,9

Uma mistura de atum e laranja

Tempo de preparo: 5 minutos
Tempo de cozimento: 12 minutos
Porções: 4

Ingredientes:
- 4 filetes de atum sem osso
- Pimenta preta a gosto
- 2 colheres de sopa de azeite
- 2 chalotas picadas
- 3 colheres de sopa de suco de laranja
- 1 laranja, descascada e cortada
- 1 colher de sopa de orégano, picado

Instruções:
1. Aqueça uma panela com azeite em fogo médio, acrescente as chalotas, mexa e refogue por 2 minutos.
2. Adicione o atum e os demais ingredientes, cozinhe por mais 10 minutos, divida em pratos e sirva.

Nutrição: Calorias 457, Gordura 38,2, Fibra 1,6, Carboidratos 8,2, Proteína 21,8

caril de salmão

Tempo de preparo: 10 minutos
Tempo de cozimento: 20 minutos
Porções: 4

Ingredientes:
- 1 libra de filés de salmão, sem osso e em cubos
- 3 colheres de sopa de pasta de caril vermelho
- 1 cebola roxa, picada
- 1 colher de chá de páprica doce
- 1 xícara de creme de coco
- 1 colher de sopa de azeite
- Pimenta preta a gosto
- ½ xícara de caldo de galinha com baixo teor de sódio
- 3 colheres de sopa de manjericão, picado

Instruções:
1. Aqueça uma frigideira com azeite em lume médio, junte a cebola, o pimento e a pasta de caril, misture e deixe cozinhar durante 5 minutos.
2. Adicione o salmão e os demais ingredientes, misture delicadamente, cozinhe em fogo médio por 15 minutos, divida em tigelas e sirva.

Nutrição: Calorias 377, Gordura 28,3, Fibra 2,1, Carboidratos 8,5, Proteína 23,9

Mix de salmão e cenoura

Tempo de preparo: 10 minutos
Tempo de cozimento: 15 minutos
Porções: 4

Ingredientes:
- 4 filés de salmão sem osso
- 1 cebola roxa, picada
- 2 cenouras, fatiadas
- 2 colheres de sopa de azeite
- 2 colheres de vinagre balsâmico
- Pimenta preta a gosto
- 2 colheres de sopa de alho, picado
- ¼ xícara de caldo de legumes com baixo teor de sódio

Instruções:
1. Aqueça uma panela com azeite em fogo médio, acrescente a cebola e a cenoura, mexa e refogue por 5 minutos.
2. Acrescentamos o salmão e os demais ingredientes, fritamos tudo por mais 10 minutos, distribuímos em pratos e servimos.

Nutrição: Calorias 322, Gordura 18, Fibra 1,4, Carboidratos 6, Proteína 35,2

Mix de camarão e pinhão

Tempo de preparo: 10 minutos
Tempo de cozimento: 10 minutos
Porções: 4

Ingredientes:
- 1 libra de camarão, descascado e eviscerado
- 2 colheres de pinhões
- 1 colher de sopa de suco de limão
- 2 colheres de sopa de azeite
- 3 dentes de alho, picados
- Pimenta preta a gosto
- 1 colher de sopa de tomilho, picado
- 2 colheres de sopa de cebolinha, finamente picada

Instruções:
1. Aqueça uma frigideira com azeite em lume médio-alto, junte os alhos, o tomilho, os pinhões e o sumo de lima, mexa e deixe cozinhar durante 3 minutos.
2. Junte os camarões, a pimenta-do-reino e a cebolinha, mexa, cozinhe por mais 7 minutos, divida em pratos e sirva.

Nutrição: Calorias 290, Gordura 13, Fibra 4,5, Carboidratos 13,9, Proteína 10

Bacalhau com Pimentos e Feijão Verde

Tempo de preparo: 10 minutos
Tempo de cozimento: 14 minutos
Porções: 4

Ingredientes:
- 4 filés de bacalhau sem osso
- ½ libra de feijão verde, aparado e cortado ao meio
- 1 colher de sopa de suco de limão
- 1 colher de sopa de raspas de limão, ralado
- 1 cebola amarela, picada
- 2 colheres de sopa de azeite
- 1 colher de chá de cominho, moído
- 1 colher de chá de pimenta em pó
- ½ xícara de caldo de legumes com baixo teor de sódio
- Uma pitada de sal e pimenta preta

Instruções:
1. Aqueça uma panela com óleo em fogo médio-alto, adicione a cebola, misture e cozinhe por 2 minutos.
2. Adicione o peixe e cozinhe por 3 minutos de cada lado.
3. Junte o feijão verde e os demais ingredientes, misture delicadamente, cozinhe por mais 7 minutos, divida em pratos e sirva.

Nutrição: Calorias 220, Gordura 13, Carboidratos 14,3, Fibra 2,3, Proteína 12

vieiras de alho

Tempo de preparo: 5 minutos
Tempo de cozimento: 8 minutos
Porções: 4

Ingredientes:
- 12 vieiras
- 1 cebola roxa, fatiada
- 2 colheres de sopa de azeite
- ½ colher de chá de alho, picado
- 2 colheres de sopa de suco de limão
- Pimenta preta a gosto
- 1 colher de chá de vinagre balsâmico

Instruções:
1. Aqueça uma panela com azeite em fogo médio, acrescente a cebola e o alho e frite por 2 minutos.
2. Adicione as vieiras e demais ingredientes, cozinhe em fogo médio por mais 6 minutos, divida pelos pratos e sirva quente.

Nutrição: Calorias 259, Gordura 8, Fibra 3, Carboidratos 5,7, Proteína 7

Mistura cremosa de robalo

Tempo de preparo: 10 minutos
Tempo de cozimento: 14 minutos
Porções: 4

Ingredientes:
- 4 filetes de robalo sem osso
- 1 xícara de creme de coco
- 1 cebola amarela, picada
- 1 colher de sopa de suco de limão
- 2 colheres de óleo de abacate
- 1 colher de sopa de salsa, picada
- Uma pitada de pimenta preta

Instruções:
1. Aqueça uma panela com azeite em fogo médio, acrescente a cebola, misture e frite por 2 minutos.
2. Adicione o peixe e cozinhe por 4 minutos de cada lado.
3. Adicione o restante dos ingredientes, cozinhe tudo por mais 4 minutos, distribua nos pratos e sirva.

Nutrição: Calorias 283, Gordura 12,3, Fibra 5, Carboidratos 12,5, Proteína 8

Uma mistura de robalo e cogumelos

Tempo de preparo: 10 minutos
Tempo de cozimento: 13 minutos
Porções: 4

Ingredientes:
- 4 filetes de robalo sem osso
- 2 colheres de sopa de azeite
- Pimenta preta a gosto
- ½ xícara de cogumelos brancos fatiados
- 1 cebola roxa, picada
- 2 colheres de vinagre balsâmico
- 3 colheres de sopa de coentro, picado

Instruções:
1. Aqueça uma frigideira com azeite em lume médio, junte a cebola e os cogumelos, mexa e deixe cozinhar durante 5 minutos.
2. Adicione o peixe e demais ingredientes, cozinhe por 4 minutos de cada lado, divida tudo entre os pratos e sirva.

Nutrição: calorias 280, gordura 12,3, fibra 8, carboidratos 13,6, proteína 14,3

sopa de salmão

Tempo de preparo: 5 minutos
Tempo de cozimento: 20 minutos
Porções: 4

Ingredientes:
- 1 libra de filés de salmão, sem osso, sem pele e em cubos
- 1 xícara de cebola amarela, picada
- 2 colheres de sopa de azeite
- Pimenta preta a gosto
- 2 xícaras de caldo de legumes com baixo teor de sódio
- 1 e ½ xícaras de tomate picado
- 1 colher de sopa de manjericão, picado

Instruções:
1. Aqueça uma panela com azeite em fogo médio, acrescente a cebola, mexa e frite por 5 minutos.
2. Adicione o salmão e os demais ingredientes, deixe ferver e cozinhe em fogo médio por 15 minutos.
3. Divida a sopa entre as tigelas e sirva.

Nutrição: calorias 250, gordura 12,2, fibra 5, carboidratos 8,5, proteína 7

Camarão Noz Moscada

Tempo de preparo: 3 minutos
Tempo de cozimento: 6 minutos
Porções: 4

Ingredientes:
- 1 libra de camarão, descascado e eviscerado
- 2 colheres de sopa de azeite
- 1 colher de sopa de suco de limão
- 1 colher de sopa de noz-moscada, moída
- Pimenta preta a gosto
- 1 colher de sopa de coentro, picado

Instruções:
1. Aqueça uma panela com óleo em fogo médio, acrescente os camarões, o suco de limão e os demais ingredientes, mexa, cozinhe por 6 minutos, divida em tigelas e sirva.

Nutrição: Calorias 205, Gordura 9,6, Fibra 0,4, Carboidratos 2,7, Proteína 26

Mix de camarão e frutas vermelhas

Tempo de preparo: 4 minutos
Tempo de cozimento: 6 minutos
Porções: 4

Ingredientes:
- 1 libra de camarão, descascado e eviscerado
- ½ xícara de tomate, em cubos
- 2 colheres de sopa de azeite
- 1 colher de sopa de vinagre balsâmico
- ½ xícara de morangos fatiados
- Pimenta preta a gosto

Instruções:
1. Aqueça uma panela com óleo em fogo médio, acrescente os camarões, mexa e cozinhe por 3 minutos.
2. Adicione o restante dos ingredientes, mexa, cozinhe por mais 3-4 minutos, divida em tigelas e sirva.

Nutrição: Calorias 205, Gordura 9, Fibra 0,6, Carboidratos 4, Proteína 26,2

Truta de limão assada

Tempo de preparo: 10 minutos
Tempo de cozimento: 30 minutos
Porções: 4

Ingredientes:
- 4 trutas
- 1 colher de sopa de casca de limão, ralada
- 2 colheres de sopa de azeite
- 2 colheres de sopa de suco de limão
- Uma pitada de pimenta preta
- 2 colheres de sopa de coentro, picado

Instruções:
1. Numa assadeira, misture o peixe com casca de limão e demais ingredientes e esfregue.
2. Asse a 370 graus F por 30 minutos, divida entre os pratos e sirva.

Nutrição: Calorias 264, Gordura 12,3, Fibra 5, Carboidratos 7, Proteína 11

Cebolinha Vieiras

Tempo de preparo: 3 minutos
Tempo de cozimento: 4 minutos
Porções: 4

Ingredientes:
- 12 vieiras
- 2 colheres de sopa de azeite
- Pimenta preta a gosto
- 2 colheres de sopa de alho, picado
- 1 colher de sopa de páprica doce

Instruções:
1. Aqueça uma frigideira com azeite em lume médio, junte as vieiras, o colorau e os restantes ingredientes e deixe cozinhar 2 minutos de cada lado.
2. Divida pelos pratos e sirva com salada.

Nutrição: calorias 215, gordura 6, fibra 5, carboidratos 4,5, proteína 11

Costeletas de atum

Tempo de preparo: 10 minutos
Tempo de cozimento: 30 minutos
Porções: 4

Ingredientes:
- 2 colheres de sopa de azeite
- 1 libra de atum, sem pele, sem osso e picado
- 1 cebola amarela, picada
- ¼ xícara de alho, picado
- 1 ovo, batido
- 1 colher de sopa de farinha de coco
- Uma pitada de sal e pimenta preta

Instruções:
1. Numa tigela, misture o atum com a cebola e os demais ingredientes, exceto o azeite, misture bem e forme almôndegas de tamanho médio com esta mistura.
2. Disponha as almôndegas em uma assadeira, pincele com óleo, leve ao forno a 350 graus F, asse por 30 minutos, divida entre os pratos e sirva.

Nutrição: calorias 291, gordura 14,3, fibra 5, carboidratos 12,4, proteína 11

panela de salmão

Tempo de preparo: 10 minutos
Tempo de cozimento: 12 minutos
Porções: 4

Ingredientes:
- 4 filés de salmão, sem osso e cortados grosseiramente
- 2 colheres de sopa de azeite
- 1 pimentão vermelho, cortado em tiras
- 1 abobrinha, cortada grosseiramente
- 1 berinjela, cortada grosseiramente
- 1 colher de sopa de suco de limão
- 1 colher de sopa de endro, picado
- ¼ xícara de caldo de legumes com baixo teor de sódio
- 1 colher de chá de alho em pó
- Uma pitada de pimenta preta

Instruções:
1. Aqueça uma frigideira com óleo em fogo médio a alto, acrescente o pimentão, a abobrinha e a berinjela, mexa e refogue por 3 minutos.
2. Junte o salmão e os demais ingredientes, misture delicadamente, cozinhe tudo por mais 9 minutos, divida em pratos e sirva.

Nutrição: Calorias 348, Gordura 18,4, Fibra 5,3, Carboidratos 11,9, Proteína 36,9

mistura de bacalhau com mostarda

Tempo de preparo: 10 minutos
Tempo de cozimento: 25 minutos
Porções: 4

Ingredientes:
- 4 filés de bacalhau sem pele e sem osso
- Uma pitada de pimenta preta
- 1 colher de chá de gengibre, ralado
- 1 colher de sopa de mostarda
- 2 colheres de sopa de azeite
- 1 colher de chá de tomilho, seco
- ¼ colher de chá de cominho, moído
- 1 colher de chá de açafrão em pó
- ¼ xícara de coentro, picado
- 1 xícara de caldo de legumes com baixo teor de sódio
- 3 dentes de alho, picados

Instruções:
1. Misture o bacalhau com pimenta preta, gengibre e outros ingredientes em uma panela, misture delicadamente e asse a 380 graus F por 25 minutos.
2. Divida a mistura entre os pratos e sirva.

Nutrição: Calorias 176, Gordura 9, Fibra 1, Carboidratos 3,7, Proteína 21,2

Mix de camarão e aspargos

Tempo de preparo: 10 minutos
Tempo de cozimento: 14 minutos
Porções: 4

Ingredientes:
- 1 maço de aspargos cortados ao meio
- 1 libra de camarão, descascado e eviscerado
- Pimenta preta a gosto
- 2 colheres de sopa de azeite
- 1 cebola roxa, picada
- 2 dentes de alho, picados
- 1 xícara de creme de coco

Instruções:
1. Aqueça uma panela com azeite em fogo médio, acrescente a cebola, o alho e os aspargos, mexa e refogue por 4 minutos.
2. Acrescente os camarões e demais ingredientes, mexa, cozinhe em fogo médio por 10 minutos, divida tudo em tigelas e sirva.

Nutrição: Calorias 225, Gordura 6, Fibra 3,4, Carboidratos 8,6, Proteína 8

bacalhau e ervilhas

Tempo de preparo: 10 minutos
Tempo de cozimento: 20 minutos
Porções: 4

Ingredientes:
- 1 cebola amarela, picada
- 2 colheres de sopa de azeite
- ½ xícara de caldo de galinha com baixo teor de sódio
- 4 filés de bacalhau, sem osso, sem pele
- Pimenta preta a gosto
- 1 xícara de ervilhas

Instruções:
1. Aqueça uma panela com azeite em fogo médio, acrescente a cebola, mexa e refogue por 4 minutos.
2. Adicione o peixe e cozinhe por 3 minutos de cada lado.
3. Adicione as ervilhas e outros ingredientes, cozinhe tudo por mais 10 minutos, divida em pratos e sirva.

Nutrição: Calorias 240, Gordura 8,4, Fibra 2,7, Carboidratos 7,6, Proteína 14

Tigelas de camarão e mexilhão

Tempo de preparo: 5 minutos
Tempo de cozimento: 12 minutos
Porções: 4

Ingredientes:
- 1 libra de mexilhões, sem casca
- ½ xícara de caldo de galinha com baixo teor de sódio
- 1 libra de camarão, descascado e eviscerado
- 2 chalotas picadas
- 1 xícara de tomate cereja, em cubos
- 2 dentes de alho, picados
- 1 colher de sopa de azeite
- 1 suco de limão

Instruções:
1. Aqueça o azeite em uma frigideira em fogo médio, acrescente a cebola e o alho e refogue por 2 minutos.
2. Adicione os camarões, mexilhões e demais ingredientes, cozinhe tudo em fogo médio por 10 minutos, divida em tigelas e sirva.

Nutrição: Calorias 240, Gordura 4,9, Fibra 2,4, Carboidratos 11,6, Proteína 8

creme de menta

Tempo de preparação: 2 horas e 4 minutos

Tempo de cozimento: 0 minutos
Porções: 4

Ingredientes:
- 4 xícaras de iogurte desnatado
- 1 xícara de creme de coco
- 3 colheres de sopa de estévia
- 2 colheres de chá de raspas de limão, ralado
- 1 colher de sopa de hortelã, picada

Instruções:
1. Bata no liquidificador o creme de leite com o iogurte e os demais ingredientes, bata bem, divida em copinhos e leve à geladeira por 2 horas antes de servir.

Nutrição: Calorias 512, Gordura 14,3, Fibra 1,5, Carboidratos 83,6, Proteína 12,1

pudim de framboesa

Tempo de preparo: 10 minutos
Tempo de cozimento: 24 min
Porções: 4

Ingredientes:
- 1 xícara de framboesas
- 2 colheres de chá de açúcar de coco
- 3 ovos, batidos
- 1 colher de sopa de óleo de abacate
- ½ xícara de leite de amêndoa
- ½ xícara de farinha de coco
- ¼ xícara de iogurte desnatado

Instruções:
1. Em uma tigela, misture as framboesas com o açúcar e os demais ingredientes, exceto o spray de cozinha, e bata bem.
2. Cubra uma forma de pudim com spray de cozinha, despeje a mistura de framboesa, espalhe, leve ao forno a 400 graus F por 24 minutos, divida entre os pratos de sobremesa e sirva.

Nutrição: Calorias 215, Gordura 11,3, Fibra 3,4, Carboidratos 21,3, Proteína 6,7

Barras de amêndoa

Tempo de preparo: 10 minutos
Tempo de cozimento: 30 minutos
Porções: 4

Ingredientes:
- 1 xícara de amêndoas, picadas
- 2 ovos, batidos
- ½ xícara de leite de amêndoa
- 1 colher de chá de extrato de baunilha
- 2/3 xícara de açúcar de coco
- 2 xícaras de farinha integral
- 1 colher de chá de fermento em pó
- Spray para cozinhar

Instruções:
1. Em uma tigela, misture as amêndoas com os ovos e outros ingredientes, exceto o spray de cozinha, e misture bem.
2. Despeje em uma forma quadrada untada com spray de cozinha, espalhe bem, leve ao forno por 30 minutos, deixe esfriar, corte em barras e sirva.

Nutrição: calorias 463, gordura 22,5, fibra 11, carboidratos 54,4, proteína 16,9

Mistura de pêssego assado

Tempo de preparo: 10 minutos
Tempo de cozimento: 30 minutos
Porções: 4

Ingredientes:
- 4 pêssegos sem caroço e cortados ao meio
- 1 colher de açúcar de coco
- 1 colher de chá de extrato de baunilha
- ¼ colher de chá de canela em pó
- 1 colher de sopa de óleo de abacate

Instruções:
1. Em uma assadeira, misture os pêssegos com açúcar e outros ingredientes, leve ao forno a 375 graus F por 30 minutos, deixe esfriar e sirva.

Nutrição: calorias 91, gordura 0,8, fibra 2,5, carboidratos 19,2, proteína 1,7

bolo de nozes

Tempo de preparo: 10 minutos
Tempo de cozimento: 25 minutos
Porções: 8

Ingredientes:
- 3 xícaras de farinha de amêndoa
- 1 xícara de açúcar de coco
- 1 colher de extrato de baunilha
- ½ xícara de nozes, picadas
- 2 colheres de chá de bicarbonato de sódio
- 2 xícaras de leite de coco
- ½ xícara de óleo de coco, derretido

Instruções:
1. Misture a farinha de amêndoa com o açúcar e outros ingredientes em uma tigela, bata bem, despeje na fôrma, espalhe, coloque no forno a 370 graus F, asse por 25 minutos.
2. Deixe o bolo esfriar, corte e sirva.

Nutrição: Calorias 445, Gordura 10, Fibra 6,5, Carboidratos 31,4, Proteína 23,5

torta de maçã

Tempo de preparo: 10 minutos
Tempo de cozimento: 30 minutos
Porções: 4

Ingredientes:
- 2 xícaras de farinha de amêndoa
- 1 colher de chá de bicarbonato de sódio
- 1 colher de chá de fermento em pó
- ½ colher de chá de canela em pó
- 2 colheres de açúcar de coco
- 1 xícara de leite de amêndoa
- 2 maçãs verdes, descascadas, sem caroço e cortadas em fatias
- Spray para cozinhar

Instruções:
1. Em uma tigela, misture a farinha com o bicarbonato de sódio, as maçãs e os demais ingredientes, exceto o spray de cozinha, e bata bem.
2. Despeje em uma assadeira untada com spray de cozinha, espalhe bem, coloque no forno e asse a 360 graus F por 30 minutos.
3. Esfrie o bolo, corte e sirva.

Nutrição: calorias 332, gordura 22,4, fibra 9l,6, carboidratos 22,2, proteína 12,3

creme de canela

Tempo de preparo: 2 horas
Tempo de cozimento: 10 minutos
Porções: 4

Ingredientes:
- 1 xícara de leite de amêndoa com baixo teor de gordura
- 1 xícara de creme de coco
- 2 xícaras de açúcar de coco
- 2 colheres de canela em pó
- 1 colher de chá de extrato de baunilha

Instruções:
1. Aqueça a panela com o leite de amêndoa em fogo médio, acrescente o restante dos ingredientes, bata e cozinhe por mais 10 minutos.
2. Divida a mistura em tigelas, deixe esfriar e leve à geladeira por 2 horas antes de servir.

Nutrição: Calorias 254, Gordura 7,5, Fibra 5, Carboidratos 16,4, Proteína 9,5

Mistura Cremosa De Morango

Tempo de preparo: 10 minutos
Tempo de cozimento: 0 minutos
Porções: 4

Ingredientes:
- 1 colher de chá de extrato de baunilha
- 2 copos de morangos picados
- 1 colher de chá de açúcar de coco
- 8 onças de iogurte desnatado

Instruções:
1. Misture os morangos com a baunilha e os demais ingredientes em uma tigela, misture e sirva frio.

Nutrição: Calorias 343, Gordura 13,4, Fibra 6, Carboidratos 15,43, Proteína 5,5

Brownies de baunilha e noz-pecã

Tempo de preparo: 10 minutos
Tempo de cozimento: 25 minutos
Porções: 8

Ingredientes:
- 1 xícara de nozes, picadas
- 3 colheres de açúcar de coco
- 2 colheres de cacau em pó
- 3 ovos, batidos
- ¼ xícara de óleo de coco, derretido
- ½ colher de chá de fermento em pó
- 2 colheres de chá de extrato de baunilha
- Spray para cozinhar

Instruções:
1. Em um processador de alimentos, misture as nozes com o açúcar de coco e outros ingredientes, exceto o spray de cozinha e bata bem.
2. Pulverize a forma quadrada com spray de cozinha, despeje a mistura do bolo, espalhe, coloque no forno, leve ao forno a 350 graus F por 25 minutos, deixe esfriar, fatie e sirva.

Nutrição: calorias 370, gordura 14,3, fibra 3, carboidratos 14,4, proteína 5,6

bolo de morango

Tempo de preparo: 10 minutos
Tempo de cozimento: 25 minutos
Porções: 6

Ingredientes:
- 2 xícaras de farinha de trigo integral
- 1 copo de morangos picados
- ½ colher de chá de bicarbonato de sódio
- ½ xícara de açúcar de coco
- ¾ xícara de leite de coco
- ¼ xícara de óleo de coco, derretido
- 2 ovos, batidos
- 1 colher de chá de extrato de baunilha
- Spray para cozinhar

Instruções:
1. Em uma tigela, misture a farinha com os morangos e os demais ingredientes, exceto a Coca-Cola em spray, e bata bem.
2. Unte uma forma de bolo com spray de cozinha, despeje a mistura de bolo, espalhe, leve ao forno a 350 graus F por 25 minutos, deixe esfriar, corte e sirva.

Nutrição: Calorias 465, Gordura 22,1, Fibra 4, Carboidratos 18,3, Proteína 13,4

pudim de cacau

Tempo de preparo: 10 minutos
Tempo de cozimento: 10 minutos
Porções: 4

Ingredientes:
- 2 colheres de açúcar de coco
- 3 colheres de farinha de coco
- 2 colheres de cacau em pó
- 2 xícaras de leite de amêndoa
- 2 ovos, batidos
- ½ colher de chá de extrato de baunilha

Instruções:
1. Despeje o leite em uma panela, adicione o cacau e outros ingredientes, bata, cozinhe em fogo médio por 10 minutos, despeje em xícaras pequenas e sirva frio.

Nutrição: Calorias 385, Gordura 31,7, Fibra 5,7, Carboidratos 21,6, Proteína 7,3

Noz-moscada creme de baunilha

Tempo de preparo: 10 minutos
Tempo de cozimento: 0 minutos
Porções: 6

Ingredientes:
- 3 xícaras de leite desnatado
- 1 colher de chá de noz-moscada, moída
- 2 colheres de chá de extrato de baunilha
- 4 colheres de chá de açúcar de coco
- 1 xícara de nozes, picadas

Instruções:
1. Misture o leite com a noz-moscada e os demais ingredientes em uma tigela, bata bem, divida em copinhos e sirva frio.

Nutrição: calorias 243, gordura 12,4, fibra 1,5, carboidratos 21,1, proteína 9,7

creme de abacate

Tempo de preparação: 1 hora e 10 minutos

Tempo de cozimento: 0 minutos
Porções: 4

Ingredientes:
- 2 xícaras de creme de coco
- 2 abacates, descascados, sem caroço e amassados
- 2 colheres de açúcar de coco
- 1 colher de chá de extrato de baunilha

Instruções:
1. Bata no liquidificador o creme com os abacates e demais ingredientes, bata bem, divida em copinhos e leve à geladeira por 1 hora antes de servir.

Nutrição: Calorias 532, Gordura 48,2, Fibra 9,4, Carboidratos 24,9, Proteína 5,2

creme de framboesa

Tempo de preparo: 10 minutos
Tempo de cozimento: 25 minutos
Porções: 4

Ingredientes:
- 2 colheres de sopa de farinha de amêndoa
- 1 xícara de creme de coco
- 3 xícaras de framboesa
- 1 xícara de açúcar de coco
- 8 onças de queijo creme com baixo teor de gordura

Instruções:
1. Coloque a farinha em uma tigela com creme e outros ingredientes, bata, transfira para uma forma redonda, leve ao forno a 360 graus F por 25 minutos, divida em tigelas e sirva.

Nutrição: Calorias 429, Gordura 36,3, Fibra 7,7, Carboidratos 21,3, Proteína 7,8

salada de melancia

Tempo de preparo: 4 minutos
Tempo de cozimento: 0 minutos
Porções: 4

Ingredientes:
- 1 xícara de melancia, descascada e cortada em cubos
- 2 maçãs sem caroço e picadas
- 1 colher de creme de coco
- 2 bananas, cortadas em pedaços

Instruções:
1. Em uma tigela, misture a melancia com as maçãs e demais ingredientes, misture e sirva.

Nutrição: calorias 131, gordura 1,3, fibra 4,5, carboidratos 31,9, proteína 1,3

Mistura de Pêra e Coco

Tempo de preparo: 10 minutos
Tempo de cozimento: 10 minutos
Porções: 4

Ingredientes:
- 2 colheres de chá de suco de limão
- ½ xícara de creme de coco
- ½ xícara de coco ralado
- 4 peras sem caroço e em cubos
- 4 colheres de açúcar de coco

Instruções:
1. Misture as peras com o suco de limão e os demais ingredientes em uma panela, mexa, leve ao fogo médio e cozinhe por 10 minutos.
2. Divida em tigelas e sirva frio.

Nutrição: Calorias 320, Gordura 7,8, Fibra 3, Carboidratos 6,4, Proteína 4,7

compota de maça

Tempo de preparo: 10 minutos
Tempo de cozimento: 15 minutos
Porções: 4

Ingredientes:
- 5 colheres de açúcar de coco
- 2 xícaras de suco de laranja
- 4 maçãs sem caroço e em cubos

Instruções:
1. Misture as maçãs com o açúcar e o suco de laranja em uma panela, mexa, leve ao fogo médio, cozinhe por 15 minutos, divida em tigelas e sirva frio.

Nutrição: Calorias 220, Gordura 5,2, Fibra 3, Carboidratos 5,6, Proteína 5,6

ensopado de damasco

Tempo de preparo: 10 minutos
Tempo de cozimento: 15 minutos
Porções: 4

Ingredientes:
- 2 xícaras de damascos cortados ao meio
- 2 xícaras de água
- 2 colheres de açúcar de coco
- 2 colheres de sopa de suco de limão

Instruções:
1. Misture os damascos com a água e os demais ingredientes em uma panela, descarte, cozinhe em fogo médio por 15 minutos, divida em tigelas e sirva.

Nutrição: Calorias 260, Gordura 6,2, Fibra 4,2, Carboidratos 5,6, Proteína 6

Mistura de Limão Cantaloupe

Tempo de preparo: 10 minutos
Tempo de cozimento: 10 minutos
Porções: 4

Ingredientes:
- 2 xícaras de melão, descascado e picado grosseiramente
- 4 colheres de açúcar de coco
- 2 colheres de chá de extrato de baunilha
- 2 colheres de chá de suco de limão

Instruções:
1. Misture o melão com o açúcar e os demais ingredientes em uma panela pequena, mexa, aqueça em fogo médio, cozinhe por cerca de 10 minutos, divida em tigelas e sirva frio.

Nutrição: Calorias 140, Gordura 4, Fibra 3,4, Carboidratos 6,7, Proteína 5

Creme cremoso de ruibarbo

Tempo de preparo: 10 minutos
Tempo de cozimento: 14 minutos
Porções: 4

Ingredientes:
- 1/3 xícara de queijo creme com baixo teor de gordura
- ½ xícara de creme de coco
- 2 libras de ruibarbo, grosseiramente picado
- 3 colheres de açúcar de coco

Instruções:
1. Bata o cream cheese com o creme de leite e os demais ingredientes no liquidificador e bata bem.
2. Divida em xícaras pequenas, coloque no forno e asse a 350 graus F por 14 minutos.
3. Sirva frio.

Nutrição: calorias 360, gordura 14,3, fibra 4,4, carboidratos 5,8, proteína 5,2

tigelas de abacaxi

Tempo de preparo: 10 minutos
Tempo de cozimento: 0 minutos
Porções: 4

Ingredientes:
- 3 xícaras de abacaxi descascado e picado
- 1 colher de chá de sementes de chia
- 1 xícara de creme de coco
- 1 colher de chá de extrato de baunilha
- 1 colher de sopa de hortelã, picada

Instruções:
1. Misture o abacaxi com o creme de leite e outros ingredientes em uma tigela, descarte, divida em tigelas menores e leve à geladeira por 10 minutos antes de servir.

Nutrição: Calorias 238, Gordura 16,6, Fibra 5,6, Carboidratos 22,8, Proteína 3,3

ensopado de mirtilo

Tempo de preparo: 10 minutos
Tempo de cozimento: 10 minutos
Porções: 4

Ingredientes:
- 2 colheres de sopa de suco de limão
- 1 xícara de água
- 3 colheres de açúcar de coco
- 12 onças de mirtilos

Instruções:
1. Misture os mirtilos com o açúcar e outros ingredientes em uma panela, leve para ferver e cozinhe em fogo médio por 10 minutos.
2. Divida em tigelas e sirva.

Nutrição: Calorias 122, Gordura 0,4, Fibra 2,1, Carboidratos 26,7, Proteína 1,5

pudim de limão

Tempo de preparo: 10 minutos
Tempo de cozimento: 15 minutos
Porções: 4

Ingredientes:
- 2 xícaras de creme de coco
- Sumo de 1 lima
- Raspas de 1 lima, ralada
- 3 colheres de sopa de óleo de coco, derretido
- 1 ovo, batido
- 1 colher de chá de fermento em pó

Instruções:
1. Numa tigela, misture as natas com o sumo de lima e os restantes ingredientes e bata bem.
2. Divida em ramequins pequenos, coloque no forno e asse a 360 graus F por 15 minutos.
3. Sirva o pudim frio.

Nutrição: Calorias 385, Gordura 39,9, Fibra 2,7, Carboidratos 8,2, Proteína 4,2

creme de pêssego

Tempo de preparo: 10 minutos
Tempo de cozimento: 0 minutos
Porções: 4

Ingredientes:
- 3 xícaras de creme de coco
- 2 pêssegos sem caroço e picados
- 1 colher de chá de extrato de baunilha
- ½ xícara de amêndoas, picadas

Instruções:
1. Bata o creme de leite e os demais ingredientes no liquidificador, bata bem, divida em tigelinhas e sirva frio.

Nutrição: calorias 261, gordura 13, fibra 5,6, carboidratos 7, proteína 5,4

Mistura de Canela e Ameixa

Tempo de preparo: 10 minutos
Tempo de cozimento: 15 minutos
Porções: 4

Ingredientes:
- 1 libra de ameixas, sem caroço e cortadas ao meio
- 2 colheres de açúcar de coco
- ½ colher de chá de canela em pó
- 1 xícara de água

Instruções:
1. Misture as ameixas com o açúcar e os demais ingredientes em uma panela, deixe ferver e cozinhe em fogo médio por 15 minutos.
2. Divida em tigelas e sirva frio.

Nutrição: Calorias 142, Gordura 4, Fibra 2.4, Carboidratos 14, Proteína 7

Maçãs de Chia e Baunilha

Tempo de preparo: 10 minutos
Tempo de cozimento: 10 minutos
Porções: 4

Ingredientes:
- 2 xícaras de maçãs, sem caroço e fatiadas
- 2 colheres de sopa de sementes de chia
- 1 colher de chá de extrato de baunilha
- 2 xícaras de suco de maçã naturalmente sem açúcar

Instruções:
1. Misture as maçãs com as sementes de chia e outros ingredientes em uma panela pequena, descarte, cozinhe em fogo médio por 10 minutos, divida em tigelas e sirva frio.

Nutrição: Calorias 172, Gordura 5,6, Fibra 3,5, Carboidratos 10, Proteína 4,4

Pudim de Arroz e Pêra

Tempo de preparo: 10 minutos
Tempo de cozimento: 25 minutos
Porções: 4

Ingredientes:
- 6 xícaras de água
- 1 xícara de açúcar de coco
- 2 xícaras de arroz preto
- 2 peras sem caroço e em cubos
- 2 colheres de chá de canela em pó

Instruções:
1. Despeje a água em uma panela, leve ao fogo médio-alto, acrescente o arroz, o açúcar e os demais ingredientes, mexa, deixe ferver, reduza o fogo para médio e cozinhe por 25 minutos.
2. Divida em tigelas e sirva frio.

Nutrição: Calorias 290, Gordura 13,4, Fibra 4, Carboidratos 13,20, Proteína 6,7

ensopado de ruibarbo

Tempo de preparo: 10 minutos
Tempo de cozimento: 15 minutos
Porções: 4

Ingredientes:
- 2 xícaras de ruibarbo, grosseiramente picado
- 3 colheres de açúcar de coco
- 1 colher de chá de extrato de amêndoa
- 2 xícaras de água

Instruções:
1. Misture o ruibarbo com os demais ingredientes em uma panela, descarte, leve ao fogo médio, cozinhe por 15 minutos, divida em tigelas e sirva frio.

Nutrição: Calorias 142, Gordura 4.1, Fibra 4.2, Carboidratos 7, Proteína 4

creme de ruibarbo

Tempo de preparo: 1 hora
Tempo de cozimento: 10 minutos
Porções: 4

Ingredientes:
- 2 xícaras de creme de coco
- 1 xícara de ruibarbo picado
- 3 ovos, batidos
- 3 colheres de açúcar de coco
- 1 colher de sopa de suco de limão

Instruções:
1. Em uma panela pequena, misture o creme de leite com o ruibarbo e demais ingredientes, bata bem, cozinhe em fogo médio por 10 minutos, amasse no liquidificador, divida em tigelas e leve à geladeira por 1 hora antes de servir.

Nutrição: Calorias 230, Gordura 8,4, Fibra 2,4, Carboidratos 7,8, Proteína 6

salada de mirtilo

Tempo de preparo: 5 minutos
Tempo de cozimento: 0 minutos
Porções: 4

Ingredientes:
- 2 xícaras de mirtilos
- 3 colheres de sopa de hortelã, picada
- 1 pêra sem caroço e em cubos
- 1 maçã sem caroço e picada
- 1 colher de açúcar de coco

Instruções:
1. Em uma tigela, misture os mirtilos com hortelã e outros ingredientes, misture e sirva frio.

Nutrição: Calorias 150, Gordura 2,4, Fibra 4, Carboidratos 6,8, Proteína 6

Creme de tâmaras e banana

Tempo de preparo: 5 minutos
Tempo de cozimento: 0 minutos
Porções: 4

Ingredientes:
- 1 xícara de leite de amêndoa
- 1 banana descascada e fatiada
- 1 colher de chá de extrato de baunilha
- ½ xícara de creme de coco
- tâmaras picadas

Instruções:
1. Bata as tâmaras com as bananas e os demais ingredientes no liquidificador, bata bem, divida em copinhos e sirva frio.

Nutrição: calorias 271, gordura 21,6, fibra 3,8, carboidratos 21,2, proteína 2,7

pãezinhos de ameixa

Tempo de preparo: 10 minutos
Tempo de cozimento: 25 minutos
Porções: 12

Ingredientes:
- 3 colheres de sopa de óleo de coco, derretido
- ½ xícara de leite de amêndoa
- 4 ovos, batidos
- 1 colher de chá de extrato de baunilha
- 1 xícara de farinha de amêndoa
- 2 colheres de chá de canela em pó
- ½ colher de chá de fermento em pó
- 1 xícara de ameixas sem caroço e picadas

Instruções:
1. Misture o óleo de coco com leite de amêndoa e outros ingredientes em uma tigela e bata bem.
2. Divida em uma forma de muffin, coloque em um forno de 350 graus F e asse por 25 minutos.
3. Sirva os pães frios.

Nutrição: Calorias 270, Gordura 3,4, Fibra 4,4, Carboidratos 12, Proteína 5

Tigelas de ameixas e passas

Tempo de preparo: 10 minutos
Tempo de cozimento: 20 minutos
Porções: 4

Ingredientes:
- ½ libra de ameixas, sem caroço e cortadas ao meio
- 2 colheres de açúcar de coco
- 4 colheres de passas
- 1 colher de chá de extrato de baunilha
- 1 xícara de creme de coco

Instruções:
1. Misture as ameixas com o açúcar e os demais ingredientes em uma panela, deixe ferver e cozinhe em fogo médio por 20 minutos.
2. Divida em tigelas e sirva.

Nutrição: calorias 219, gordura 14,4, fibra 1,8, carboidratos 21,1, proteína 2,2

Barras de girassol

Tempo de preparo: 10 minutos
Tempo de cozimento: 20 minutos
Porções: 6

Ingredientes:
- 1 xícara de farinha de coco
- ½ colher de chá de bicarbonato de sódio
- 1 colher de sopa de linhaça
- 3 colheres de sopa de leite de amêndoa
- 1 copo de sementes de girassol
- 2 colheres de sopa de óleo de coco, derretido
- 1 colher de chá de extrato de baunilha

Instruções:
1. Misture a farinha com o bicarbonato e os demais ingredientes em uma tigela, misture bem, espalhe em uma assadeira, aperte bem, leve ao forno a 350 graus F por 20 minutos, deixe esfriar, corte em barras. e sirva.

Nutrição: calorias 189, gordura 12,6, fibra 9,2, carboidratos 15,7, proteína 4,7

Tigelas de amora e caju

Tempo de preparo: 10 minutos
Tempo de cozimento: 0 minutos
Porções: 4
Ingredientes:

- 1 xícara de castanha de caju
- 2 xícaras de amoras
- ¾ xícara de creme de coco
- 1 colher de chá de extrato de baunilha
- 1 colher de açúcar de coco

Instruções:

1. Em uma tigela, misture as castanhas de caju com frutas e outros ingredientes, misture, divida em tigelas pequenas e sirva.

Nutrição: Calorias 230, Gordura 4, Fibra 3,4, Carboidratos 12,3, Proteína 8

Tigelas de laranjas e tangerinas

Tempo de preparo: 4 minutos
Tempo de cozimento: 8 minutos
Porções: 4

Ingredientes:
- 4 laranjas descascadas e cortadas em rodelas
- 2 tangerinas descascadas e fatiadas
- Sumo de 1 lima
- 2 colheres de açúcar de coco
- 1 xícara de água

Instruções:
1. Misture as laranjas com as tangerinas e outros ingredientes em uma panela, leve para ferver e cozinhe em fogo médio por 8 minutos.
2. Divida em tigelas e sirva frio.

Nutrição: Calorias 170, Gordura 2,3, Fibra 2,3, Carboidratos 11, Proteína 3,4

creme de abóbora

Tempo de preparo: 2 horas
Tempo de cozimento: 0 minutos
Porções: 4

Ingredientes:
- 2 xícaras de creme de coco
- 1 xícara de purê de abóbora
- 14 onças de creme de coco
- 3 colheres de açúcar de coco

Instruções:
1. Misture o creme com o purê de abóbora e os demais ingredientes em uma tigela, bata bem, divida em tigelinhas e leve à geladeira por 2 horas antes de servir.

Nutrição: Calorias 350, Gordura 12,3, Fibra 3, Carboidratos 11,7, Proteína 6

Uma mistura de figos e ruibarbo

Tempo de preparo: 6 minutos
Tempo de cozimento: 14 minutos
Porções: 4

Ingredientes:
- 2 colheres de sopa de óleo de coco, derretido
- 1 xícara de ruibarbo, grosseiramente picado
- 12 figos cortados ao meio
- ¼ xícara de açúcar de coco
- 1 xícara de água

Instruções:
1. Aqueça uma panela com azeite em fogo médio, acrescente os figos e demais ingredientes, mexa, cozinhe por 14 minutos, divida em copinhos e sirva frio.

Nutrição: Calorias 213, Gordura 7,4, Fibra 6,1, Carboidratos 39, Proteína 2,2

banana apimentada

Tempo de preparo: 4 minutos
Tempo de cozimento: 15 minutos
Porções: 4

Ingredientes:
- 4 bananas descascadas e cortadas ao meio
- 1 colher de chá de noz-moscada, moída
- 1 colher de chá de canela em pó
- Sumo de 1 lima
- 4 colheres de açúcar de coco

Instruções:
1. Coloque as bananas em uma assadeira, adicione noz-moscada e outros ingredientes, leve ao forno a 350 graus F por 15 minutos.
2. Divida as bananas assadas entre os pratos e sirva.

Nutrição: Calorias 206, Gordura 0,6, Fibra 3,2, Carboidratos 47,1, Proteína 2,4

coquetel de cacau

Tempo de preparo: 5 minutos
Tempo de cozimento: 0 minutos
Porções: 2

Ingredientes:

- 2 colheres de chá de cacau em pó
- 1 abacate, sem caroço, descascado e amassado
- 1 xícara de leite de amêndoa
- 1 xícara de creme de coco

Instruções:

1. Bata no liquidificador o leite de amêndoa com o creme de leite e os demais ingredientes, bata bem, divida em copinhos e sirva frio.

Nutrição: Calorias 155, Gordura 12,3, Fibra 4, Carboidratos 8,6, Proteína 5

Barras de banana

Tempo de preparo: 30 minutos
Tempo de cozimento: 0 minutos
Porções: 4
Ingredientes:

- 1 xícara de óleo de coco, derretido
- 2 bananas descascadas e cortadas em rodelas
- 1 abacate, descascado, sem caroço e amassado
- ½ xícara de açúcar de coco
- ¼ xícara de suco de limão
- 1 colher de chá de raspas de limão, ralada
- Spray para cozinhar

Instruções:

1. Em um processador de alimentos, misture as bananas com o óleo e outros ingredientes, exceto o spray de cozinha, e bata bem.
2. Unte uma assadeira com spray, despeje e espalhe a mistura de banana, tampe, leve à geladeira por 30 minutos, corte em barrinhas e sirva.

Nutrição: Calorias 639, Gordura 64,6, Fibra 4,9, Carboidratos 20,5, Proteína 1,7

Barras de chá verde e tâmaras

Tempo de preparo: 10 minutos
Tempo de cozimento: 30 minutos
Porções: 8

Ingredientes:
- 2 colheres de chá verde em pó
- 2 copos de leite de coco, aquecido
- ½ xícara de óleo de coco, derretido
- 2 xícaras de açúcar de coco
- 4 ovos, batidos
- 2 colheres de chá de extrato de baunilha
- 3 xícaras de farinha de amêndoa
- 1 colher de chá de bicarbonato de sódio
- 2 colheres de chá de fermento em pó

Instruções:
1. Misture o leite de coco com o chá verde em pó e os demais ingredientes em uma tigela, misture bem, despeje em uma forma quadrada, espalhe, leve ao forno, leve ao forno a 350 graus F por 30 minutos, deixe esfriar, fatie. em bares e sirva.

Nutrição: calorias 560, gordura 22,3, fibra 4, carboidratos 12,8, proteína 22,1

creme de nozes

Tempo de preparo: 2 horas
Tempo de cozimento: 0 minutos
Porções: 4

Ingredientes:
- 2 xícaras de leite de amêndoa
- ½ xícara de creme de coco
- ½ xícara de nozes, picadas
- 3 colheres de açúcar de coco
- 1 colher de chá de extrato de baunilha

Instruções:
1. Misture o leite de amêndoa com o creme de leite e os demais ingredientes em uma tigela, bata bem, divida em copinhos e leve à geladeira por 2 horas antes de servir.

Nutrição: Calorias 170, Gordura 12,4, Fibra 3, Carboidratos 12,8, Proteína 4

Bolo de limão

Tempo de preparo: 10 minutos
Tempo de cozimento: 35 min
Porções: 6

Ingredientes:
- 2 xícaras de farinha de trigo integral
- 1 colher de chá de fermento em pó
- 2 colheres de sopa de óleo de coco, derretido
- 1 ovo, batido
- 3 colheres de açúcar de coco
- 1 xícara de leite de amêndoa
- 1 casca de limão, ralada
- 1 suco de limão

Instruções:
1. Misture a farinha com o óleo e os outros ingredientes em uma tigela, bata bem, transfira para uma assadeira e leve ao forno a 360 graus F por 35 minutos.
2. Fatie e sirva frio.

Nutrição: Calorias 222, Gordura 12,5, Fibra 6,2, Carboidratos 7, Proteína 17,4

Barras de passas

Tempo de preparo: 10 minutos
Tempo de cozimento: 25 minutos
Porções: 6

Ingredientes:
- 1 colher de chá de canela em pó
- 2 xícaras de farinha de amêndoa
- 1 colher de chá de fermento em pó
- ½ colher de chá de noz-moscada, moída
- 1 xícara de óleo de coco, derretido
- 1 xícara de açúcar de coco
- 1 ovo, batido
- 1 xícara de passas

Instruções:
1. Misture a farinha com a canela e os demais ingredientes em uma tigela, misture bem, espalhe em uma assadeira, leve ao forno, asse a 380 graus F por 25 minutos, corte em tiras e sirva frio.

Nutrição: Calorias 274, Gordura 12, Fibra 5.2, Carboidratos 14.5, Proteína 7

quadrados de nectarina

Tempo de preparo: 10 minutos
Tempo de cozimento: 20 minutos
Porções: 4

Ingredientes:
- 3 nectarinas, sem caroço e picadas
- 1 colher de açúcar de coco
- ½ colher de chá de bicarbonato de sódio
- 1 xícara de farinha de amêndoa
- 4 colheres de sopa de óleo de coco, derretido
- 2 colheres de cacau em pó

Instruções:
1. Bata as nectarinas com o açúcar e demais ingredientes no liquidificador, bata bem, despeje em uma forma quadrada forrada, espalhe, leve ao forno a 375 graus F por 20 minutos, deixe a mistura esfriar um pouco. , Corte em quadrados e sirva.

Nutrição: Calorias 342, Gordura 14,4, Fibra 7,6, Carboidratos 12, Proteína 7,7

guisado de uva

Tempo de preparo: 10 minutos
Tempo de cozimento: 20 minutos
Porções: 4

Ingredientes:
- 1 xícara de uvas verdes
- Sumo de ½ lima
- 2 colheres de açúcar de coco
- 1 e ½ copos de água
- 2 colheres de chá de cardamomo em pó

Instruções:
1. Aqueça uma panela com água em fogo médio, acrescente as uvas e demais ingredientes, deixe ferver, cozinhe por 20 minutos, divida em tigelas e sirva.

Nutrição: Calorias 384, Gordura 12,5, Fibra 6,3, Carboidratos 13,8, Proteína 5,6

creme de tangerina e ameixa

Tempo de preparo: 10 minutos
Tempo de cozimento: 20 minutos
Porções: 4

Ingredientes:
- 1 tangerina descascada e picada
- ½ libra de ameixas, sem caroço e picadas
- 1 xícara de creme de coco
- 2 suco de tangerina
- 2 colheres de açúcar de coco

Instruções:
1. Bata a tangerina com as ameixas e demais ingredientes no liquidificador, bata bem, quebre em pedaços pequenos, leve ao forno, leve ao forno a 350 graus F por 20 minutos e sirva frio.

Nutrição: Calorias 402, Gordura 18,2, Fibra 2, Carboidratos 22,2, Proteína 4,5

Creme de cereja e morango

Tempo de preparo: 10 minutos
Tempo de cozimento: 0 minutos
Porções: 6

Ingredientes:
- 1 libra de cerejas sem caroço
- 1 copo de morangos picados
- ¼ xícara de açúcar de coco
- 2 xícaras de creme de coco

Instruções:
1. Bata as cerejas com os demais ingredientes no liquidificador, bata bem, divida em taças e sirva bem frio.

Nutrição: Calorias 342, Gordura 22,1, Fibra 5,6, Carboidratos 8,4, Proteína 6,5

Cardamomo Noz e Arroz Pudim

Tempo de preparo: 5 minutos
Tempo de cozimento: 40 minutos
Porções: 4

Ingredientes:
- 1 xícara de arroz basmati
- 3 xícaras de leite de amêndoa
- 3 colheres de açúcar de coco
- ½ colher de chá de cardamomo em pó
- ¼ xícara de nozes, picadas

Instruções:
1. Misture o arroz com o leite e os demais ingredientes em uma panela, mexa, cozinhe por 40 minutos em fogo médio, divida em tigelas e sirva frio.

Nutrição: Calorias 703, Gordura 47,9, Fibra 5,2, Carboidratos 62,1, Proteína 10,1

pão de pera

Tempo de preparo: 10 minutos
Tempo de cozimento: 30 minutos
Porções: 4

Ingredientes:
- 2 xícaras de peras, sem caroço e em cubos
- 1 xícara de açúcar de coco
- 2 ovos, batidos
- 2 xícaras de farinha de amêndoa
- 1 colher de fermento em pó
- 1 colher de sopa de óleo de coco, derretido

Instruções:
1. Misture as peras com açúcar e outros ingredientes em uma tigela, bata, despeje na assadeira, coloque no forno e asse a 350 graus F por 30 minutos.
2. Fatie e sirva frio.

Nutrição: calorias 380, gordura 16,7, fibra 5, carboidratos 17,5, proteína 5,6

Pudim de arroz e cereja

Tempo de preparo: 10 minutos
Tempo de cozimento: 25 minutos
Porções: 4

Ingredientes:
- 1 colher de sopa de óleo de coco, derretido
- 1 xícara de arroz branco
- 3 xícaras de leite de amêndoa
- ½ xícara de cerejas, sem caroço e cortadas ao meio
- 3 colheres de açúcar de coco
- 1 colher de chá de canela em pó
- 1 colher de chá de extrato de baunilha

Instruções:
1. Misture o óleo com o arroz e os demais ingredientes em uma panela, mexa, deixe ferver, cozinhe por 25 minutos em fogo médio, divida em tigelas e sirva frio.

Nutrição: Calorias 292, Gordura 12,4, Fibra 5,6, Carboidratos 8, Proteína 7

ensopado de melancia

Tempo de preparo: 5 minutos
Tempo de cozimento: 8 minutos
Porções: 4

Ingredientes:
- Sumo de 1 lima
- 1 colher de chá de raspas de limão, ralado
- 1 e ½ xícaras de açúcar de coco
- 4 xícaras de melancia descascada e cortada em pedaços grandes
- 1 e ½ copos de água

Instruções:
1. Misture a melancia com as raspas de limão em uma panela e misture os demais ingredientes, leve ao fogo médio, cozinhe por 8 minutos, divida em tigelas e sirva frio.

Nutrição:: calorias 233, gordura 0,2, fibra 0,7, carboidratos 61,5, proteína 0,9

pudim de gengibre

Tempo de preparo: 1 hora
Tempo de cozimento: 0 minutos
Porções: 4

Ingredientes:
- 2 xícaras de leite de amêndoa
- ½ xícara de creme de coco
- 2 colheres de açúcar de coco
- 1 colher de sopa de gengibre, ralado
- ¼ xícara de sementes de chia

Instruções:
1. Misture o leite com o creme de leite e os demais ingredientes em uma tigela, bata bem, divida em copinhos e leve à geladeira por 1 hora antes de servir.

Nutrição: calorias 345, gordura 17, fibra 4,7, carboidratos 11,5, proteína 6,9

Creme de cajú

Tempo de preparo: 2 horas
Tempo de cozimento: 0 minutos
Porções: 4

Ingredientes:
- 1 xícara de castanha de caju picada
- 2 colheres de sopa de óleo de coco, derretido
- 2 colheres de sopa de óleo de coco, derretido
- 1 xícara de creme de coco
- colheres de suco de limão
- 1 colher de açúcar de coco

Instruções:
1. Bata as castanhas de caju com o óleo de coco e outros ingredientes no liquidificador, bata bem, divida em copinhos e leve à geladeira por 2 horas antes de servir.

Nutrição: Calorias 480, Gordura 43,9, Fibra 2,4, Carboidratos 19,7, Proteína 7

biscoitos de cânhamo

Tempo de preparo: 30 minutos
Tempo de cozimento: 0 minutos
Porções: 6

Ingredientes:
- 1 xícara de amêndoas, embebidas durante a noite e escorridas
- 2 colheres de cacau em pó
- 1 colher de açúcar de coco
- ½ xícara de sementes de cânhamo
- ¼ xícara de coco ralado
- ½ xícara de água

Instruções:
1. Misture as amêndoas com o cacau em pó e os demais ingredientes no processador de alimentos, bata bem, forre uma assadeira, leve à geladeira por 30 minutos, corte e sirva.

Nutrição: Calorias 270, Gordura 12,6, Fibra 3, Carboidratos 7,7, Proteína 7

Tigelas de amêndoa e romã

Tempo de preparo: 2 horas
Tempo de cozimento: 0 minutos
Porções: 4

Ingredientes:
- ½ xícara de creme de coco
- 1 colher de chá de extrato de baunilha
- 1 xícara de amêndoas, picadas
- 1 xícara de sementes de romã
- 1 colher de açúcar de coco

Instruções:
1. Misture as amêndoas com creme e outros ingredientes em uma tigela, misture, divida em tigelas pequenas e sirva.

Nutrição: Calorias 258, Gordura 19, Fibra 3,9, Carboidratos 17,6, Proteína 6,2

Coxas de frango e legumes de alecrim

Tempo de preparo: 10 minutos
Tempo de cozimento: 40 minutos
Porções: 4

Ingredientes:
- 2 libras de peito de frango sem pele, sem osso e em cubos
- 1 cenoura, em cubos
- 1 talo de aipo, picado
- 1 tomate, em cubos
- 2 cebolas roxas pequenas, picadas
- 1 abobrinha, em cubos
- 2 dentes de alho, picados
- 1 colher de sopa de alecrim, picado
- 2 colheres de sopa de azeite
- Pimenta preta a gosto
- ½ xícara de caldo de legumes com baixo teor de sódio

Instruções:
1. Aqueça uma panela com azeite em fogo médio, acrescente a cebola e o alho, mexa e refogue por 5 minutos.
2. Adicione o frango, misture e cozinhe por mais 5 minutos.
3. Adicione a cenoura e os demais ingredientes, misture, deixe ferver e cozinhe em fogo médio por 30 minutos.
4. Divida a mistura entre os pratos e sirva.

Nutrição: Calorias 325, Gordura 22,5, Fibra 6,1, Carboidratos 15,5, Proteína 33,2

Frango com cenoura e repolho

Tempo de preparo: 10 minutos
Tempo de cozimento: 25 minutos
Porções: 4

Ingredientes:
- 1 libra de peito de frango sem pele, sem osso e em cubos
- 2 colheres de sopa de azeite
- 2 cenouras, descascadas e raladas
- 1 colher de chá de páprica doce
- ½ xícara de caldo de legumes com baixo teor de sódio
- 1 cabeça de repolho roxo, picado
- 1 cebola amarela, picada
- Pimenta preta a gosto

Instruções:
1. Aqueça uma panela com óleo em fogo médio, acrescente a cebola, mexa e frite por 5 minutos.
2. Adicione a carne e cozinhe por mais 5 minutos.
3. Adicione a cenoura e os demais ingredientes, misture, deixe ferver e cozinhe em fogo médio por 15 minutos.
4. Divida tudo entre os pratos e sirva.

Nutrição: calorias 370, gordura 22,2, fibra 5,2, carboidratos 44,2, proteína 24,2

Sanduíche de berinjela e peru

Tempo de preparo: 10 minutos
Tempo de cozimento: 25 minutos
Porções: 4

Ingredientes:
- 1 peito de peru sem pele e sem osso, cortado em 4 pedaços
- 1 berinjela, cortada em 4 fatias
- Pimenta preta a gosto
- 1 colher de sopa de azeite
- 1 colher de sopa de orégano, picado
- ½ xícara de molho de tomate com baixo teor de sódio
- ½ xícara de queijo cheddar com baixo teor de gordura, ralado
- 4 fatias de pão integral

Instruções:
1. Aqueça uma grelha em fogo médio-alto, adicione as fatias de peru, regue com metade do azeite, polvilhe com pimenta do reino, cozinhe por 8 minutos de cada lado e coloque em um prato.
2. Disponha as rodelas de beringela na grelha pré-aquecida, regue com o restante azeite e tempere com pimenta-do-reino, frite 4 minutos de cada lado e transfira para o prato com as rodelas de peru também.
3. Coloque 2 fatias de pão em uma superfície de trabalho, divida o queijo em cada uma, divida as fatias de berinjela e peru em cada uma, polvilhe com orégano, regue com o molho e cubra com as outras 2 fatias de pão.
4. Divida os sanduíches entre os pratos e sirva.

Nutrição: calorias 280, gordura 12,2, fibra 6, carboidratos 14, proteína 12

www.ingramcontent.com/pod-product-compliance
Lightning Source LLC
Chambersburg PA
CBHW070412120526
44590CB00014B/1370